Marco Hecht und Gerald Praschl
ICH HABE NEIN GESAGT

mit Beiträgen von
Johann Legner
Helmut Müller-Enbergs

Ich habe „NEIN!" gesagt

über Zivilcourage in der DDR

Marco Hecht
Gerald Praschl

mit Beiträgen von
Johann Legner
&
Helmut Müller-Enbergs

Kai Homilius Verlag 2002

**Nur wer die Vergangenheit begreift,
kann die Zukunft gestalten**

*Mit freundlichem Dank für die Unterstützung an
die Redaktion der Zeitschrift SUPERillu*

IMPRESSUM

1. Auflage 2002
© Kai Homilius Verlag
Alle Rechte vorbehalten. Ohne ausdrückliche Genehmigung des Verlages ist es nicht
gestattet, dieses Buch oder Teile daraus irgendwie, insbesondere auf fotomechani-
schem Wege (Fotokopie, Mikrokopie o. Ä.), zu vervielfältigen oder in Datenbanken
aufzunehmen.

mit Beiträgen von: Johann Legner, Helmut Müller-Enbergs

Korrekturen: Friedhelm Holleczek
Titeldesign: Thomas Müller, Berlin
Satz & Layout: KM Design, Berlin
Druck: Wiener Verlag
ISBN: 3-89706-891-5
Preis: € 9,90
www.ich-habe-nein-gesagt.de
Email: home@.kai-berlin.de
Adresse: Christburger Str. 4, 10405 Berlin
Tel.: 030-283 88 510
Fax: 030-44 34 25 97

Die Deutsche Bibliothek-CIP-Einheitsaufnahme
Marco Hecht; Gerald Praschl
Ich habe „NEIN!" gesagt.
Über Zivilcourage in der DDR.
Geleitw. v. Thierse, Wolfgang
Einl. v. Müller-Enbergs, Helmut
Ich habe „NEIN!" gesagt /
Hecht, Marco; Praschl, Gerald – Berlin:
Kai Homilius Verlag, 2002

       ISBN 3-89706-891-5
Ne: GT

INHALTSVERZEICHNIS

Geleitwort

Erlebnisberichte

Analysen & Forschungsberichte

„Ich habe Nein! gesagt"
Kai Homilius Verlag Berlin 2002

Wolfgang Thierse
Geleitwort

Mit einem differenzierten Blick auf den Alltag, auf das Leben in der DDR tun sich viele Menschen schwer – im Osten wie im Westen. Die mediale Vermarktung der DDR-Vergangenheit zu Skandalgeschichten von Feigheit und Verrat provozierte einen merkwürdigen Trotz: Es identifizierten sich im Nachhinein viel mehr DDR-Bürger mit ihren einstigen Bewachern, Bespitzlern, Unterdrückern als zuvor vorstellbar war. Im Zuge der skandalbetonten Berichterstattung geriet mehr und mehr in Vergessenheit, dass es in dieser DDR zumeist ganz andere Leben gegeben hat – „richtige Leben" im falschen System. Man darf daran erinnern: Die meisten Menschen in der DDR haben unter schwierigen Bedingungen anständig, vernünftig, intelligent gelebt. So ehrlich, so solidarisch und so gut, wie es ihnen möglich war. Die Verkürzung der eigenen Alltagserfahrungen auf Stasi- und Spitzelgeschichten hat die Atmosphäre im Osten verdorben. Sie hat bei einem Teil der Menschen das Gefühl erzeugt, dass ihr Leben, ihre Biografie, ihre Leistungen nicht wirklich fair und gerecht beurteilt werden. Und es hat dazu geführt, dass viele Menschen heute sagen, sie wollen mit Erzählungen über die DDR-Vergangenheit überhaupt nicht mehr behelligt werden.

Was kann man dagegen tun? Aufklären! Die Menschen selbst mit ihrer biografischen Erfahrung zu Wort kommen lassen. Einen differenzierten Blick einüben. Dokumente vorlegen, die zeigen: Selbstbestimmtes Denken, couragiertes und verantwortungsvolles Handeln waren auch unter den verzwickten Bedingungen des DDR-Alltages mögliche Optionen.

„Ich habe Nein! gesagt" ist ein Buch, das genau dies leistet. Es stellt Menschen vor, die den Anwerbeversuchen der Staatssicherheit widerstanden. Trotz des psychischen Drucks, der auf diese Menschen ausgeübt wurde, verweigerten sie sich der ungeheueren Zumutung, andere zu bespitzeln. Das Buch beschreibt ihre Motive, „Nein!" zu sagen, dem eingeforderten Verrat an Familienangehörigen, Kollegen, Freunden zu widerstehen. Das Buch schildert, welche Folgen dieses couragierte „Nein!" für die Verweigerer hatte: Einige erlitten berufliche Nachteile, manche landeten im Gefängnis, für andere blieb ihr „Nein!" scheinbar folgenlos. Scheinbar, weil der gezeigte Mut doch mindestens ihr eigenes Selbstvertrauen, ihren Charakter, ihre Unabhängigkeit stärkte. Über die persönlichen Schicksale hinaus skizziert das Buch auch die Instrumente und Methoden des staatlichen Unrechts in der DDR. Es gibt Einblick in die Normalität eines Alltags, der mit seinen komplexen Entscheidungssituationen nicht wenige vor harte Prüfungen stellte, manch einen auch überforderte.

Die sehr bewegenden Schilderungen belegen ein Mal mehr, dass das mitunter dämonisierte Stasi-Unterlagengesetz ein bedeutsames Instrument zur friedlichen Gestaltung der Einheit und zur Demokratisierung in Ostdeutschland darstellt. Dank dieses Gesetzes konnte früheres Herrschaftswissen erstmals den Opfern einer Diktatur zur Verfügung gestellt werden. Endlich hatten die Interessen der Opfer ein größeres Gewicht als das Wohl der Täter. Und zwar nicht nur symbolisch, in Gedenkreden, sondern in einer praktischen, lebensweltlich konkreten Form. Die Stasi-Akten helfen nicht nur, Schuld nachzuweisen – sie übernehmen auch Schutzfunktionen. Sie belegen, wie Menschen den Nachstellungen der Staatssicherheit widerstanden haben und liefern den Rehabilitierungsverfahren das erforderliche faktische und politisch-moralische Unterfutter.

„Ich habe Nein! gesagt" ist ein Plädoyer für Zivilcourage. Die Entscheidungssituationen sind heute anderer Art, aber an Aktualität hat dieses Plädoyer auch im zweiten Jahrzehnt der deutschen Einheit nicht verloren. Dieses Buch verdient viele Leser!

Wolfgang Thierse

*

Erlebnisberichte

Dolores Schwarz (47),
Postbotin aus Markgrafenheide

„Ich sollte die Post meiner Nachbarn ausschnüffeln"

Markgrafenheide ist ein kleiner Ort an der Ostsee. Ein hübscher Urlaubsort mit 700 Einwohnern, direkt neben Rostock gelegen, auf der anderen Seite der Warnow. Mit einem schönen breiten Strand - und nur noch ein paar Seemeilen bis ins internationale Gewässer. Viele DDR-Bürger versuchten hier die Flucht in den Westen. Ihre Hoffnung: auf dem offenen Meer auf eine westliche Fähre oder ein westliches Fischerboot zu stoßen.

Nach Angaben des Berliner Museums am Checkpoint Charly sind mindestens 170 von ihnen dabei ertrunken. Gerade in Markgrafenheide wurden immer wieder Fluchtversuche mit dem Schlauchboot unternommen, obwohl die Grenztruppen nachts sogar die Dünen ableuchteten.

Für die Staatssicherheit war dies ein großes Problem. Das verdeutlicht der Bericht eines Mitarbeiters im Referat IV der MfS-Kreisdienststelle Rostock: *„...vorliegende Erkenntnisse belegen, dass der Ort Markgrafenheide als ablandegefährdeter Bereich der Staatsgrenze Nord eingeschätzt werden muss...".*

Rund ein Dutzend Fluchtversuche soll es alleine im Bereich dieser kleinen Ortschaft damals bereits gegeben haben. Man vermutete Helfer der Fluchtwilligen im Ort. Außerdem gab es auch in Markgrafenheide Familien, die einen Antrag auf Ausreise aus der DDR gestellt hatten. Das MfS setzte sich deshalb zum Ziel, möglichst viel über die Stimmung im Ort, über mögliche Fluchthelfer in Erfahrung zu bringen. Zwar gab es bereits einige Zuträger in Markgrafenheide. Vor allen Dingen jene Freiwilligen der DDR-Grenztruppen, die in Strandnähe wohnten und dort abends kontrollierten. Sie wurden unter der Abkürzung „F.A.G." geführt, „Freiwillige Aufklärer im Grenzdienst." Aber dieses Überwachungsystem reichte dem MfS offensichtlich nicht aus. Seit dem Frühjahr 1985 wurde deshalb in Markgrafenheide nach weiteren geeigneten „Kandidaten" gesucht, die möglichst zügig als Inoffizielle Mitarbeiter angeworben werden könnten. Aufgabe dieser künftigen IM: Möglichst viele Informationen über die 700 Einwohner aus Markgrafenheide an die Kreisdienststelle des MfS in Rostock zu liefern. Mit dem Ziel, mögliche Helfer von Fluchtwilligen zu enttarnen.

Die „Kandidatin"

Man kam schnell auf Dolores Schwarz. Als Spitzel in Markgrafenheide wäre sie auch schlechthin die Idealbesetzung gewesen. Sie wurde im Ort geboren, wuchs dort auf, jetzt war sie 30 Jahre alt - und hatte vor kurzem die Stelle als Poststellen-Verwalterin angenommen. Sie kannte alle Einwohner, kannte deren Post, kam mit allen ins Gespräch - rundum perfekt. Das MfS hatte sich unverzüglich und umfangreich über Dolores Schwarz informiert. Auszug aus einem Protokoll der MfS-Kreisdienststelle Rostock über Dolores Schwarz: „...*Sie wohnt gemeinsam mit ihrem Mann und den zwei schulpflichtigen Kindern in einer Zweiraumwohnung im Hause ihrer Eltern. Die Kandidatin und ihre Familie haben die Absicht, durch einen Ausbau ihren Wohnraum zu vergrößern, was die Schlussfolgerung zulässt, dass sie langfristig im Ort ansässig sein wird. Die Kandidatin verfügt über umfangreiche Kenntnisse der örtlichen Verhältnisse, bedingt durch ihre Tätigkeit als Postverwalterin, und kommt mit den vielfältigsten Personen in Kontakt. Desweiteren verfügt sie über einen umfangreichen Bekanntenkreis, da sie im Ort aufgewachsen ist. Die Kandidatin ist charakterlich aufgeschlossen, redegewandt und versteht es, mit Leuten umzugehen und sie für sich einzunehmen. Ihre Ehe und Familienverhältnisse sowie ihre Persönlichkeit sind positiv beleumundet.*" Auch die Vergangenheit von Dolores Schwarz wurde beleuchtet: „*Vor ihrer Tätigkeit als Poststellenverwalterin arbeitete sie 12 Jahre lang auf der Warnowwerft Rostock als Kranfahrerin. Aus der P.-Akte geht hervor, dass sie langjährig eine gute Arbeitsdisziplin zeigte und die ihr übertragenen Aufgaben verantwortungsbewusst und gewis-*

senhaft realisierte. Auch ihr Ehemann Peter ist... (auf der War-now-Werft. Anm. der Autoren) ...als Kommandofahrer tätig. Sie leben in geordneten und gesicherten Verhältnissen."

Bevor die eigentliche Anwerbung als Spitzel beginnen sollte,

war die zuständige Kreisdienststelle der Staatssicherheit in Rostock auch schon sehr gut über Dolores Schwarz informiert. So hatte das MfS bereits eine umfangreiche „IM-Vorlauf"-Akte angelegt. In Anlehnung an den spanischen Vornamen von Dolores Schwarz trug die Akte den Decknamen IMV „Carmen". Enthalten war darin alles, was das MfS bis dahin über sie in Erfahrung gebracht hatte. Auszüge aus ihren Kader-Akten, Berichte von drei IM aus ihrer Nachbarschaft und ihrem Kollegenkreis über sie, und Daten aus der Berliner Zentrale des MfS, die Hinweise auf mögliche West-Verwandschaft von Dolores Schwarz geben sollten. Die Postbotin ahnte nicht, wie sehr sie damit bereits im Visier des MfS war. Solche „IM-Vorläufe", in denen die „Kandidaten" ohne ihr Wissen möglichst lückenlos ausgeforscht wurden, gehörten zum üblichen Vorgehen der Staatssicherheit. Ebenso detailliert und schriftlich plante das MfS auch das weitere Vorgehen, vom ersten direkten Kontakt bis hin zu einer Strategie bei der Anwerbung.

Der mysteriöse Besuch in der Poststelle

Es war im Frühling 1985, als Dolores Schwarz diesen unerwarteten Anruf von der Staatssicherheit erhielt. Damals bekam sie einen Riesen-Schreck, heute dagegen schüttelt sie amüsiert den Kopf: „Es war Ende März, morgens in der Poststelle, als das Telefon ging. Ein Mann, er hat sich vorgestellt, den Namen weiß ich nicht mehr, und dann gesagt: MfS. Ich war wohl ganz verdattert und konnte damit nichts anfangen. Dann hat er nachgefragt: „Ministerium für Staatssicherheit, sagt Ihnen das nichts?" Jetzt bekam Dolores Schwarz „das Flattern", denn „die waren ja nun als Einschüchterungs-Organ bekannt." Und dann erzählt Dolores Schwarz genau das, was schon so viele Betroffene erklärt haben, wenn sie zum ersten Mal, meist vollkommen unerwartet, mit der DDR-Staatssicherheit konfrontiert wurden, was sie gedacht haben: „Tja, was denkt man da? Ich war fix und fertig. Das rotiert im Kopf: Was habe ich gemacht, ist da was mit meinem Mann...?" Aber dann beruhigte der Herr vom MfS seine „Kandidatin" erst einmal: Nein, es wäre nichts Wichtiges, man wolle nur einmal ein persönliches Gespräch führen. Dolores Schwarz jedoch wollte kein Gespräch: „Nicht, bevor ich weiß, worum es überhaupt geht." Aber der Mann vom MfS äußerte sich am Telefon weiter nicht und kündigte seinen Besuch an. Noch am selben Abend erschien er tatsächlich bei Dolores Schwarz auf der Poststelle von Markgrafenheide: „Am selben Abend noch! Abends, kurz vor sechs." Die „Kandidatin" war an diesem Abend jedoch nicht allein auf der Poststelle. „Das war dem gar nicht recht, der druckste rum, bis wir alleine waren - aber ich hatte meiner Kollegin ja sowieso schon erzählt, wer mich heute angerufen hatte." Den persönlichen Kontakt mit einem Mitarbeiter der Rostocker Kreisdienststelle der Staatssicherheit fasst Dolores Schwarz heute kurz und deutlich zusammen: „Das war alles nur Laber-Rhabarber, ich musste fast lachen, nur so Allgemeines, dass man sich doch noch einmal treffen sollte, privat..."

Der offizielle Plan zur „Kontaktaufnahme"

Über das Gespräch in der Poststelle hält MfS-Unterfeldwebel G., der es führte, nichts in den Akten des IM-Vorlaufs „Carmen" fest. Über den bevorstehenden Besuch bei der „Kandidatin" zuhause dagegen liefert er gemäß den Dienstvorschriften des MfS einen ausführlichen „Vorschlag zur Kontaktaufnahme" an seine Vorgesetzten zur Genehmigung:

Die Kandidatin wird nach telefonischer Vereinbarung in den Abendstunden des 21.3.1985 zuhause aufgesucht. Die Zielstellung der geplanten Aussprache besteht in der ersten Prüfung der objektiven und subjektiven Möglichkeiten der Kandidatin für eine Werbung als IMS zur Sicherung eines ablandegefährdeten Bereiches in Markgrafenheide. Neben dem persönlichen Kennenlernen soll gleichzeitig geprüft werden, inwieweit die Kandidatin Vertrauen zu den Schutz- und Sicherheitsorganen hat und ob Motive für eine eventuelle Zusammenarbeit vorhanden sind. Desweiteren sollen erste vertrauliche Beziehungen durch umsichtsvolle und aufmerksame Gesprächsführung erreicht werden.

Als operative Legende wird dazu das Übersiedlungsersuchen der Person (Name geschwärzt) angewandt, der in der gleichen Straße wie die Kandidatin wohnhaft ist. Der Kandidatin wird erklärt, dass die Mitarbeiter sie aufgesucht haben, um Informationen zu dem Übersiedlungsersuchen, insbesondere zu den Motiven und der Einstellung zu erhalten. Ihr wird zu verstehen gegeben, dass sie als ortsansässige Person, die über umfangreiche Kenntnisse über die örtlichen Regimeverhältnisse verfügt, sowie in ihrer Eigenschaft als Poststellenverwalterin als Vertrauensperson eingeschätzt wird

und deshalb die Mitarbeiter sie aufsuchen, um mit ihrer Hil-
fe diese Fragen zu klären um letztendlich eine Entscheidung
treffen zu können.
Die Legende kann weiter ausgebaut werden zur Führung von
weiteren Kontaktgesprächen.

Besuch von der Stasi

Dolores Schwarz erinnert sich: „Etwa eine Woche nach dem merkwürdigen Besuch in der Poststelle kamen sie dann zu uns nach Hause, diesmal zu zweit. Und auch jetzt hatte es wieder etwas Übertriebenes, fast zum Schmunzeln, denn die parkten ihren Trabi nicht vor unserem Haus, sondern fuhren die Straße bis zum Ende, um das Auto dort etwas verborgen abzustellen. Das hat für mehr Aufsehen gesorgt als das normale Abstellen vor der Tür. Ich bin vor Aufregung auf die Toilette gegangen. Dann klingelten sie, es waren zwei Männer, der, den ich schon kannte und ein anderer. Mein Mann hat die beiden erstmal nach ihrem Ausweis gefragt. Ich dachte, ich höre nicht richtig...". Aber die beiden MfS-Mitarbeiter machten einen normalen, einen anständigen Eindruck. „Die taten so, als würden wir uns schon ewig kennen, ganz locker, aber irgendwann ging es dann um zwei Familien hier im Ort. Eine Familie hatte einen Ausreise-Antrag gestellt, bei der anderen Familie war der Sohn Hochleistungssportler und sollte auch ins westliche Ausland. Die haben uns dann ausgefragt über diese Familien und mir ganz offen gesagt, dass ich auf deren Post achten sollte. Ob da viele Päckchen oder Briefe aus dem Westen kämen und so weiter. Na, da fing es bei mir schon an zu arbeiten. Wir haben dann erzählt, was sowieso jeder im Ort wusste: Was diese Leute von Beruf sind, dass sie anständige, vernünftige Leute wären - aber mehr nicht. Nach zwei Stunden sind die Stasi-Leute dann wieder gegangen - aber damit war die Geschichte noch nicht zu Ende..."

MfS-Unterfeldwebel G. ist nach diesem Gespräch offenbar guter Dinge. In einem „Aktenvermerk" am 12. April 1985 an seine Vorgesetzten notiert er:

Ausgehend von der Teilnahme an der Kontaktaufnahme und einer Aussprache mit der IM-Kandidatin kann eingeschätzt werden, dass die kontaktierte IM-Kandidatin über wesentliche Voraussetzungen zur Erreichung der Zielstellung der Werbung verfügt. Die Kandidatin ist in Markgrafenheide geboren und dort aufgewachsen. Ihre Eltern wohnen ebenfalls in Markgrafenheide. Gemeinsam wird ein Teil eines Zweifamilienhauses bewohnt. Aufgrund ihrer Kindheit, Schulzeit und Alteingesessenheit kennt sie die Regimeverhältnisse und kann Aussagen zu einem Großteil der dort wohnhaften Bevölkerung treffen. (....) Die Kandidatin ist jetzt in Markgrafenheide als Leiterin der Poststelle tätig. Dadurch ist sie eng mit der Bevölkerung verbunden - stellt einen Konzentrationspunkt dar wie Konsum und Gaststätte. (....) Die Kandidatin ist geistig beweglich, kontaktfreudig und kann ihr erworbenes Wissen ohne Probleme wiedergeben. (....) Die Kandidatin verrichtet ihren Dienst nicht ausschließlich auf der Poststelle. Generell muss sie alle Telegramme austragen und hat darüberhinaus noch einen Zustellbereich. Das bedeutet weitere Möglichkeit der Feststellung von Personen, die als ortsfremd einzuschätzen sind. In ihrer Freizeit zeigt sich die Kandidatin sehr naturverbunden. Regelmäßig werden ausgedehnte Spaziergänge unternommen. Die Kandidatin interessiert sich für die Hunde-

zucht. Zur Zeit besitzt sie einen Pudel, vorgesehen ist aber der Kauf eines Schäferhundes. Eine diesbezügliche Bestellung läuft bereits.

Die Kandidatin ist kein Mitglied der SED. Sie vertritt aber einen positiven politischen Standpunkt, was einschließt, dass sie bestimmte Missstände, Mängel, usw. kritisiert. Klarheit besteht bei ihr über die gegenwärtige KK-Situation (Kalter Krieg. Anm. der Autoren) und darüber, dass für die Erhaltung des Friedens etwas gemacht werden muss. Finanziell hat die Kandidatin keine Probleme. Besondere Besitzverhältnisse wie PKW oder ähnliches sind nicht vorhanden.

In der IM-Vorlauf-Akte „Carmen" legt der Vorgesetzte von Unterfeldwebel G., Oberleutnant S., das weitere Vorgehen fest:

1) *Mit der Kandidatin sind weiterhin zielstrebig und planmäßig die Aussprachen zur Herausarbeitung ihrer Eignung zu führen. Schwerpunkt ist dabei auf die Festigung des Vertrauensverhältnisses und des operativen Mitarbeiters und auf die schriftliche Berichterstattung zu legen.*

2) *Ist eine umfassende Berichtsanalyse zu den objektiven und subjektiven Möglichkeiten der Kandidatin durchzuführen*

3) *Sind tragfähige Motive zur inoffiziellen Zusammenarbeit zu schaffen:*
   – politische Überzeugung,
   – Unterstützung des MfS bei Einholung,
   – Genehmigung ihres Hausanbaus,
   – finanzielle Bedürfnisse.

4) *Zur Treffdurchführung/Aussprachedurchführung ist die IM-Kandidatin zu einem konspirativen Ort zu bestellen.*

Zum Beispiel zum Rat der Stadt Warnemünde. Legende:
Genehmigung (für den von der Familie geplanten Haus-
anbau. Anm. der Autoren)

5) *Der Ehemann der Kandidatin ist in der Vorlaufakte zu re-*
   gistrieren. Ihm ist eine Schweigeverpflichtung abzuneh-
   men.

Die Wochen im Visier der Stasi

In den Wochen nach dem Besuch der zwei Stasi-Leute machte
Dolores Schwarz einige sehr merkwürdige Beobachtungen.
„Einmal ist mir einer von denen morgens den ganzen Post-
weg nachgelaufen, immer hinterher, ich dachte, ich bin im
Kino. Ein anderes Mal saßen wir mit Freunden im Gastkrug
und redeten und erzählten und irgendwie merkte ich, dass
ich beobachtet werde. Ich drehte mich um und sah doch tatsächlich wieder einen von den beiden! Diesmal gleich mit
Familie, mit Frau und Kindern beim Kaffeetrinken. Ob das
seine Familie war oder alles gestellt, weiß ich nicht. Als ich
ihn gesehen habe, hat er mich ganz ungeniert weiter beobachtet. Wie oft die mich noch verfolgt haben, weiß ich
nicht, aber einmal habe ich noch einen von denen gesehen,
als ich mit der Fähre 'rüber nach Warnemünde fuhr. Da war
er auch auf der Fähre, saß in seinem Trabi." Und eines Morgens klingelte dann wieder das Telefon auf der Poststelle von
Dolores Schwarz: „Der Stasi-Mann kündigte gleich seinen
Besuch an, am selben Abend, kurz nach 18 Uhr kam er dann
wieder. Diesmal hatte er gleich ein Formular mit, auf dem
ich unterschreiben sollte. Heute weiß ich: Es wäre meine
Verpflichtung als IM gewesen. So hat er das aber nicht gesagt, sondern nur gemeint, dass sie mich gebrauchen könn-

MfS / BV	Rostock		Rostock	, 22. 3. 1985

Diensteinheit	KD Rostock

Mitarbeiter	Ofw. Grundt		Reg.-Nr.	I 523/85

Beschluß

über das Anlegen eines IM-Vorlaufes	über die Umregistrierung eines IM-Vorlaufes in einen IM-Vorgang / eine GMS-Akte [2]

vorl. Deckname **"Carmen"**

1. IM-Kategorie [1]

vorgesehene
IM-Kategorie [1]   **IMS**

22.3. TZW

2. Art des   hauptamtlich/
   Einsatzes   ehrenamtlich [2]

3. Deckname

bestätigt 22.3.85   _(Unterschrift)_

bestätigt		
Datum		Unterschrift

KOPIE BStU

über das Anlegen eines IM-Vorganges	

1. IM-Kategorie [1]

2. Art des   hauptamtlich/
   Einsatzes   ehrenamtlich [2]

3. Deckname

bestätigt	
Datum	Unterschrift

über das Anlegen einer GMS-Akte	über die Umregistrierung einer GMS-Akte in einen IM-Vorlauf / IM-Vorgang [2]

1. IM-Kategorie [1]

Deckname

2. Art des   hauptamtlich/
   Einsatzes   ehrenamtlich [2]

3. Deckname

bestätigt		bestätigt	
Datum	Unterschrift	Datum	Unterschrift

Änderungen

1. der IM-Kategorie [1]

Datum	Unterschrift

2. der Art des Einsatzes

Datum	Unterschrift

3. des Decknamens in

Datum	Unterschrift

[1] Bei Kategorie „IMK" operative Funktion (KW, KO, DA, DT, S) angeben, bei KO und KW ohne IMK, nur die operative Funktion und nicht die Kategorie „IMK" angeben.
[2] Nichtzutreffendes streichen

000065

Name	Schwarz	Name	
Geburtsname/weitere Namen	Paggel	Geburtsname/weitere Namen	
Vorname	Dolores Ellen Eva	Vorname	
PKZ [3]	2 3 0 9 5 4 5 0 0 8 2 1	PKZ 2	
Geburtsort/Staatsangeh.	DDR	Geburtsort/Staatsangeh.	
Anschrift	Markgrafenheide Waldsiedlung 10b	Anschrift	
Beruf/Tätigkeit	Poststellenverwalter	Beruf/Tätigkeit	
Arbeitsstelle	Deutsche Post	Arbeitsstelle	
Partei-zugehörigkeit	ohne	Partei-zugehörigkeit	
Bearbeitungsvermerk der Abt. XII	0 4. April 1985	Bearbeitungsvermerk der Abt. XII	

Name		Name	
Geburtsname/weitere Namen		Geburtsname/weitere Namen	
Vorname		Vorname	
PKZ 2		PKZ 2	
Geburtsort/Staatsangeh.		Geburtsort/Staatsangeh.	
Anschrift		Anschrift	
Beruf/Tätigkeit		Beruf/Tätigkeit	
Arbeitsstelle		Arbeitsstelle	
Partei-zugehörigkeit		Partei-zugehörigkeit	
Bearbeitungsvermerk der Abt. XII		Bearbeitungsvermerk der Abt. XII	

KOPIE BStU

MfS/BV	Rostock	Rostock, den 17.7.88
Diensteinheit	KD Rostock	
Mitarbeiter	Grundt	

Beschluß

über die Archivierung
des IM-Vorlaufes/~~IM-Vorganges/den GMS-Akte~~ [4]

Abbruchsgrund Ablehnung der inoff. Z/
gem. Richtlinie 1/79

Anzahl der Bände	1	Anzahl der Blätter	54
Teil I	1		
Teil II			
Teil III			

Der Vorgang ist als ~~gesperrt~~/nicht gesperrt abzulegen. Die Arbeitsakte des Vorganges kann nach der Ersatzverfilmung [4]

— vernichtet werden, ~~xxxxxxxxxxxxxxxxxxxxx~~ _____ /Blätter _____

— nicht vernichtet werden. _____ _____

bestätigt	12.8.88		01.09.88
	Datum	Unterschriftsberechtigter	

[1] für weitere Personen ist ein zusätzlicher Personenindex von der Abt. XII abzufordern
[2] PKZ bei DDR-Bürgern vollständig, bei Ausländern Geburtsdatum angeben
[3] Nichtzutreffendes streichen
[4] trifft nur für IM-Vorgänge zu

ten und dass man sich ja häufiger mal treffen könnte und dies müsse ja nicht immer zu Hause sein. Und ich sollte gleich unterschreiben. Und da sah ich sogar noch meinen Spitznamen auf diesem Blatt Papier, meinen IM-Namen: Carmen. Da musste ich so lachen, dass der ganz perplex war. Dann habe ich gesagt: Ich unterschreibe gar nichts. Ich will das nicht, ich schnüffele nicht anderen Leuten hinterher, wenn sowas rauskommt, dann kann ich hier meine Koffer packen und wegziehen. Das war wohl so klar und deutlich, dass sie mich später nie wieder gefragt haben. Ich war mit einem Schlag raus aus der Sache!"

Laut IM-Vorlauf Carmen fand dieses Gespräch am 15. April 1985 statt, nur drei Wochen nach der „Kontaktaufnahme". Unterfeldwebel G. notiert:

Am 15. 4. wurde (...) versucht, zur Kandidatin telefonischen Kontakt zwecks Vereinbarung eines erneuten Gesprächstermins zu erreichen. Dabei war offensichtlich, dass sich die Kandidatin anfänglich verleugnen ließ, bzw. sehr ablehnend reagierte. Zum späteren Zeitpunkt kam ein Kontakt zur Kandidatin zustande. Im Gespräch teilte sie mit, dass sie jeden weiteren Kontakt mit dem MfS ablehnt. Sie begründete es damit, dass sie für die Stasi keine Spitzeldienste leisten will und deshalb alles „illegale" ablehnt. Sie gab an, dass sie das nicht mit ihrem Gewissen vereinbaren könne. Im Gespräch vertrat sie die Meinung, wenn der Mitarbeiter offiziell kommt und von ihr Auskunft einfordert, wird sie ihm diese geben, da sie ja als Bürgerin dazu verpflichtet ist. Alles weitere lehne sie prinzipiell ab und bittet darum, ihren Standpunkt, der unumkehrbar ist, zu akzeptieren.

Der Stasi-Unterfeldwebel G. wusste wohl nach diesem Zusammentreffen, dass die Sache gelaufen war. Konsterniert stellte er in seinem Bericht fest: *„Für das Verhalten der IM-Kandidaten gibt es momentan keine plausible Erklärung. Aus ihrer Erregtheit, sowie ihrer Gesamtreaktion kann geschlussfolgert werden, dass ihr Entschluss unumkehrbar ist und somit keine weiteren Möglichkeiten für dienstliche, beziehungsweise innoffizielle Zusammenarbeit gegeben sind."*

Stattdessen schlug Stasi-Unterfeldwebel G in diesem Bericht vor, *„die inoffizielle Mitarbeit ihres Ehemanns zu prüfen und diesen unter dem Vorwand der Klärung der Ursachen des Verhaltens seiner Ehefrau zu kontaktieren."*

Nach der gescheiterten Anwerbung von Dolores Schwarz versuchte es das MfS in der Folge also nochmal durch die Hintertür. Der Ehemann Peter wurde noch mehrmals an seinem Arbeitsplatz auf der Warnow-Werft in Rostock von Stasi-Offizieren angesprochen. Auch ihn wollte man als Spitzel werben, aber auch er lehnte kategorisch ab.

Am 17. Juli 1988 schloss der inzwischen zum Oberfeldwebel beförderte Stasi-Mann G. den IM-Vorlauf „Carmen". Begründung laut Akte:

„Ablehnung der inoffiziellen Zusammenarbeit."

Die 54 Seiten Papier des Aktenvorganges ließ er archivieren.
1995 konnte Dolores Schwarz in der Rostocker Außenstelle
der Gauck-Behörde erstmals Einblick in diese Papiere nehmen.

Das Ehepaar Schwarz lebt bis heute in Markgrafenheide,
Dolores Schwarz ist noch immer bei der Post, Ehemann
Peter verlor 1992 seinen Job als Kranführer bei der War-
now-Werft, ist bis heute arbeitslos.

*

Heidemarie Reinhardt (59),
Näherin aus Buttstädt

Ich sollte spitzeln, um meinen Sohn zu retten

Mein Name ist Heidemarie Reinhardt, ich wurde 1943 in Auerstedt geboren, einem kleinen Ort in Thüringen, bekannt durch die berühmte Schlacht bei Auerstedt von 1806. Mein Vater Alfred Tröger war nach dem Krieg ein Funktionär der SED, ein überzeugter Kommunist, der von 1956 bis zu seinem Tod 1973 Stellvertretender Bürgermeister von Buttstädt wurde, einer nahen Kleinstadt, in der ich bis heute lebe. Mein Vater war im Ort sehr beliebt, die Menschen vertrauten ihm. Er hat immer versucht, sich nach dem zu richten, was er selbst für richtig hielt. Zum Beispiel hat er sich gegen alle Parteirichtlinien sogar für den Neubau einer Kirche im Ort eingesetzt. Als junge Frau, mit 16 oder 17, war ich der Sache der SED sehr aufgeschlossen. Ich machte begeistert bei der FDJ mit und fühlte mich wohl in der DDR. Nach meiner Schulzeit lernte ich den Beruf eines Konfektionärs, heute nennt sich das Textil-Technologe. Wir lernten das Nähen und Zuschneiden von Kleidung, damals war ich in der Produktion von Strickjacken als Näherin eingesetzt, seit 1958 beim VEB Strickbekleidung in Apolda.

Mit den Jahren wuchsen meine Zweifel an der DDR

Als 1961 die Mauer gebaut wurde, machte das unsere ganze Familie, auch meinen Vater, sehr nachdenklich. Mein Vater glaubte ja wirklich, dass der Sozialismus etwas sehr Gutes sei und merkte wohl, dass langsam alles in die falsche Richtung ging. Die alten Kommunisten wie er, würden sich heute wohl im Grabe umdrehen, wenn sie wüßten, wie jämmerlich das alles zu Ende ging. Auch mein Vater war zum Ende seines Lebens sehr verbittert. Er ist sehr früh, mit nur 53 Jahren 1973 gestorben. Kurz, bevor es mit ihm zu Ende ging, sagte er mir noch, wie sehr er es bedaure, so auf's falsche Pferd gesetzt zu haben.

Ich habe von ihm gelernt, dass es sehr wichtig ist, aufrecht durchs Leben zu gehen. Meine Kollegen im Betrieb schätzten, dass ich Mängel offen aussprach und auch keine Angst vor hohen Tieren, vor den Chefs oder den Gewerkschafts- und Parteileuten hatte. Ich war nie auf den Mund gefallen. Mitte der 60er Jahre wurde ich in dem kleinen Betrieb, in den ich inzwischen gewechselt war, dem halbstaatlichen Textilbetrieb Walter Rebel, zur Vorsitzenden der Betriebsgewerkschaftsleitung gewählt. Ich war drei Jahre im Amt, in denen ich so viel schwindeln musste, wie in meinem ganzen Leben nicht mehr. Zu meinem Job gehörten nämlich auch die Meldungen über den Stand der Produktion und der Planerfüllung an die SED-Kreisleitung. Dabei klappte es im Betrieb hinten und vorne nicht mit der Planerfüllung, mal fehlte das Material, mal die Stoffe, mal Ersatzteile für Maschinen. Das haben wir in unseren Berichten natürlich immer verschwiegen und immer Plan- oder gar Planübererfüllung gemeldet. Das wurde nie hinterfragt, die wollten angeschwindelt werden. Das gehörte zum System. Meine Zweifel wurden immer größer, ich konnte mich mit der DDR schon lange nicht mehr identifizieren.

Statt SED-Karriere zu machen, blieb ich lieber Näherin

Weil mein Vater SED-Funktionär war, hätte ich damals auch die Parteischule in Erfurt besuchen können, eine Karriere in der SED wäre mir sicher gewesen. Ich bereue bis heute nicht, dass ich das nicht getan habe. Ich wäre sicher nicht der Typ dazu gewesen, mich später als SED-Funktionär vor die Leute zu stellen und den ganzen Schwindel zu erzählen. Wenn ich etwas mache, dann muss ich auch davon überzeugt sein. Nur wegen des Geldes zu schwindeln und die Leute anzulügen, hätte ich gar nicht übers Herz gebracht. Da bin ich lieber einfache Näherin geblieben und habe ehrlich gelebt. 1964 kam mein Sohn Axel zur Welt, 1968 heiratete ich meinen Mann Klaus, unsere gemeinsame Tochter Sylvia kam 1970 zur Welt. Den Job als BGL-Vorsitzende gab ich damit auf, ich war froh, das los zu sein. Die folgenden Jahre arbeitete ich aber weiter als Näherin in verschiedenen Betrieben in der Region, zuletzt beim VEB Apart in Rastenberg. Wir richtete uns eine schöne Wohnung ein, und fan-

Heidemarie Reinhardt mit ihrem Sohn Axel

den uns damit ab, unser Leben in der DDR zu verbringen. Thüringen war ja auch unsere Heimat.

Mein Sohn wollte nach drüben und landete im Knast

Meinem Sohn Axel ging das ganze System noch viel mehr als mir gegen den Strich. 1980 bekam er eine Lehrstelle weit weg von zuhause, als Zerspanungsfacharbeiter in Dresden. Er lebte während der Woche im Wohnheim in Dresden, kam seitdem nur noch am Wochenende nach Hause. Wir hatten ein sehr enges Verhältnis, aber dass er sich in dieser Zeit mit Fluchtplänen trug, habe auch ich nicht bemerkt. So fielen mein Mann und ich aus allen Wolken, als er plötzlich spurlos verschwunden war. Wir wurden immer unruhiger, in seinem Lehrbetrieb und bei seinen Freunden wusste auch keiner, wo er abgeblieben war. Wir hatten inzwischen Vermissten-meldung bei der Volkspolizei in Sömmerda erstattet. Drei Wochen dauerte diese schreckliche Ungewissheit. Dann wurde ich im Betrieb plötzlich von der Arbeit weggerufen. Im Hof empfing mich ein Mann vom Ministerium für Staats-sicherheit. Er eröffnete mir, dass mein Sohn beim Versuch, aus der DDR zu fliehen, verhaftet worden sei und jetzt in Bautzen im Gefängnis säße. Kurioserweise wurde er nicht an der westdeutschen, sondern an der polnischen Grenze ge-schnappt. So naiv war der ganze Fluchtplan. Gottseidank haben das auch die Richter so gesehen, außerdem war er ja noch minderjährig. Nach 6 Wochen Untersuchungshaft war er wieder zuhause und wurde später nur zu 12 Monaten Haft auf Bewährung verurteilt. Er durfte sogar seine Lehre zu Ende machen.

1983, nach dem Abschluss der Lehre, versuchte er nochmal, in den Westen zu fliehen. Auch diesmal ging es schief, im Grenzgebiet von Thüringen zu Bayern wurde er zusammen mit einem Freund verhaftet. Auch diesmal blieb er für uns zunächst eine ganze Woche verschwunden, bevor uns die Behörden informierten. Vor dem Gericht in Sömmerda wurde Axel zu einem Jahr und acht Monaten Haft verurteilt und kam in das Gefängnis nach Bitterfeld. Erst dort durfte ich ihn zum ersten Mal besuchen. Einmal im Monat für eine halbe Stunde. Er saß mit 20 Mann auf einer Zelle, als jüngster, zusammengepfercht, auch mit Kriminellen. Tagsüber mussten sie Zwangsarbeit im Chemiewerk Bitterfeld leisten, bekamen nur die schmutzigsten Jobs, die sonst keiner machen wollte. Zum Beispiel den Kupferdraht von alten Elektromotoren abwickeln oder mit giftigen Chemikalien hantieren. Es war furchtbar. Die Prozedur bei den Besuchen empfand ich auch als sehr demütigend. Ich musste den Ausweis abgeben, wurde durchsucht. Wachleute ermahnten uns, laut zu sprechen, damit sie mithören konnten. Axel musste die Strafe bis zum letzten Tag absitzen und zog nach seiner Entlassung wieder zu uns nach Buttstädt. Wir sprachen oft darüber, wie es nun weitergehen sollte. Eine erneute Flucht wollte er nicht mehr wagen, aus Angst vor Gefängnis. So nahm er eine Stelle in Sömmerda an und richtete sich auf ein Leben in der DDR ein.

Eine Schlägerei mit bösen Folgen

1985 kam Axel betrunken von einer Betriebsfeier zurück. Er setzte sich zum Heimfahren in den Zug, aber in seinem Dunst verpasste er es, in Buttstädt auszusteigen, er ist wohl im Zug eingeschlafen. An der Endhaltestelle in Eckartsberga passierte es dann. Die Bahnhofsangestellten müssen ihn wohl sehr unsanft munter gemacht und aus dem Zug gezerrt haben. Axel wurde verhaftet und nur wenige Tage später in einem Schnellverfahren vor Gericht gestellt. Man warf ihm vor, er habe die Bahnangestellten verprügelt und Widerstand gegen die Staatsgewalt geleistet. Axel hätte sogar eine herumliegende Gehwegplatte auf die Bahner geworfen. Er wurde in einem ganz kurzen Verfahren zu 6 Monaten Haft verurteilt und ins Gefängnis nach Weimar gebracht. Die Richter haben wohl nur gesehen, dass er ja wegen versuchter Republikflucht schon zweimal verurteilt war, da war für die alles klar. Da zählte auch nicht, dass die zwei Bahnangestellten, die Axel angeblich verprügelt hatte, putzmunter aussahen. Axel selbst dagegen war richtig entstellt. Er humpelte in den Gerichtssaal, war offenbar schwer geschlagen worden. Weitere Zeugen wurden nicht gehört. Ein Mann, der offenbar ebenfalls Zeuge der Geschehnisse war, sprach mich vor dem Gerichtssaal an. Er wisse, dass mein Sohn unschuldig sei. Er habe auch keine Gehwegplatte geworfen. Im Gegenteil: Er sei das Opfer und nicht der Täter. Die Bahner hätten ihm sogar mit einer schweren Eisenstange auf den Rücken geschlagen. Er hätte das vor Gericht gerne bezeugt, wäre aber gar nicht mehr geladen wollen. Er empfahl mir, auf jeden Fall in Berufung zu gehen. Doch das war gar nicht so einfach. Denn um in Axels Namen Berufung einzulegen, brauchte ich seine Unterschrift. Aber während ich für die Berufung nur 14 Tage Frist hatte, hätte ich Axel erst nach 3 Wochen zum ersten Mal besuchen dürfen. Ich saß da und dachte: Das kann doch nicht wahr sein!

Eine Verpflichtung für die Freiheit meines Sohnes

Ich fuhr nach Weimar. Zunächst ins Rechtsanwaltskollegium. Ein Anwalt, der mich empfangen hat, obwohl ich gar keinen Termin bei ihm hatte, machte mir wenig Hoffnung. Er könne da auch nichts tun. Ich solle am besten ins Volkspolizeikreisamt gehen und dort um Genehmigung fragen. Ich marschierte also zur Volkspolizei. Man schickte mich dort in ein Büro, wo mich ein junger Mann empfing, der sich als Herr Storch vorstellte. Ich durfte Platz nehmen, er entschuldigte sich kurz und ging in ein Nebenzimmer. Irgendwann kam er wieder und war auf einmal hervorragend informiert. Er sagte: „Die Genehmigung, ihren Sohn zu besuchen, könnte ich ihnen ausstellen. Aber sie müssten uns dann auch einen Gefallen tun". Ich: „Na, was soll das denn für ein Gefallen sein?" Er weiter: „Sie arbeiten doch beim VEB Apart." Ich bejahe, frage noch ganz naiv: „Soll ich ihnen ein paar Trainingsanzüge besorgen oder was?" Korruption wurde in der DDR ja ganz groß geschrieben. Will heute ja auch keiner mehr wissen. Aber der Herr Storch wollte auf ganz etwas anderes hinaus „Na, ich könnte mir vorstellen, dass sie uns von dort monatlich ein paar Berichte liefern, wie so die Stimmung im Betrieb ist, was die Leute reden, was sie so machen." Ich war verblüfft: „Was soll ich machen? Darüber muss ich aber erst mal nachdenken." Er wollte, dass ich mich bei ihm sofort schriftlich verpflichte, über meine Kollegen Berichte zu schreiben. Der hatte sogar schon einen Zettel dazu auf den Tisch gelegt. Ich habe erst mal nicht unterschrieben, sagte, ich muss mir das erst mal überleben. Als wir uns verabschiedeten, meinte er noch: „Überlegen sie nicht zu lange!"

Ich wusste nicht, was ich machen sollte. Ich konnte doch schlecht meine Kollegen bespitzeln. Ausgerechnet ich, die immer das Wort führte, wenn es mal Ärger gab und kein Blatt vor den Mund nahm gegenüber den Herren von oben. In meiner Not ging ich zurück in die Anwaltskanzlei. Der Anwalt empfing mich wieder sofort. Ich sagte ihm frei von der Leber weg, was mir bei der Volkspolizei angeboten wurde. Dem Mann bin ich heute noch sehr dankbar. Er erklärte mir, ich hätte es dabei ganz bestimmt mit der Staatssicherheit zu tun. Ich solle das auf keinen Fall unterschreiben. Meine letzte Chance sei etwas ganz anders. Direkt zum Gefängnis zu gehen und dort zu betteln, dass sie mich ohne Genehmigung zu meinem Sohn lassen. Hier gebe ich ihnen eine Vollmacht mit, die ihr Sohn unterschreiben soll, dann können wir in Revision gehen.

Ein mutiger Gefängnis-Wärter half mir aus der Patsche

Ich nahm meinen Mut zusammen und klingelte am Weimarer Gefängnis. Der Schließer, der mir öffnete, hörte sich mein Anliegen an. Und hatte tatsächlich Mitleid. Der ließ mich auf eigenes Risiko zu meinem Sohn vor. Ich sah Axel, er unterschrieb, Minuten später war ich wieder draußen. Den Mut von diesem Gefängnis-Wärter hätte ich ihm gerne persönlich gedankt. Er hat ja wirklich seinen Job riskiert. Wir gingen in Revision, diesmal wurde auch der Entlastungszeuge gehört. Mein Sohn wurde freigesprochen und die zwei Bahnangestellten, die ihn verprügelt hatten, sogar noch wegen Falschaussage belangt. Axel blieb bis 1989 in der DDR.

Gleich nach der Maueröffnung 1989, zu Weihnachten, ging er fort in den Westen.

Über die Wende in der DDR war ich unendlich froh. Es wurde Zeit, dass dieser Irrsinn ein Ende hatte. Unser Leben ist dabei leider auch fortgeschritten. Für uns hat das alles zu lange gedauert, ich war zur Wende ja auch schon 46. Aber wenigstens brauchen unsere Kinder sich nicht mehr damit herumzuschlagen. Ich will keinen verurteilen, der damals schwach geworden ist bei der Stasi. Ich kenne aus der Nachbarschaft selbst so einen Menschen. Da waren nicht nur Strolche dabei, sondern auch viele, die selbst bedrängt wurden.Vielleicht hätte damals auch ich anders entschieden, wenn mich dieser Anwalt in Weimar nicht bestärkt hätte.

Heidemarie Reinhardt arbeitet heute als Betreuerin in einem Wohnheim für Behinderte der Stiftung Finneck in Rastenberg und lebt mit ihrem Mann in Buttstädt.
Ihr Sohn Axel wohnt seit 1989 in Hessen und arbeitet dort als Gerüstbauer.

*

Ich sollte über die Stimmung an Bord berichten

(Horst Witt, geboren 1938, Hochsee-Fischer aus Rostock)

Mein Name ist Horst Witt, ich bin 64 Jahre alt und wohne in Rostock. Geboren bin ich in Sassnitz auf Rügen. Meine Liebe galt immer der See. Mit 16 Jahren bin ich von der Schule abgegangen, um Matrose zu werden.

Ich hatte mich dann schnell hochgearbeitet, wurde 1. Steuermann und 1964, damals war ich 28 Jahre alt, Kapitän. 1966 bin ich dann zum VEB Fischkombinat Rostock gekommen.

Hochseefischerei, eine tolle Sache! Die haben damals ja längst nicht jeden genommen. Denn man kam viel ins Ausland, auch ins westliche Ausland. Es hieß damals, dass von 100 Bewerbern nur einer angenommen wurde. Sie erkundigten sich genau, bevor jemand sein Seefahrtsbuch und die entsprechenden Sichtvermerke erhielt.

Auch über mich hatten sie zuvor Informationen eingeholt, mein Nachbar hat mir nach der Wende erzählt, dass sie damals bei ihm geklingelt hatten und zum Beispiel wissen wollten, ob meine Ehe intakt wäre. Auch Westverwandtschaft interessierte sie sehr. Ich hatte zwar eine Tante in Hamburg, aber die lebte schon immer dort, war also nicht aus der DDR geflohen oder ausgereist. Deshalb spielte das wohl nie eine Rolle.

Wer als Hochseefischer auf Große Fahrt gehen konnte, musste natürlich in der Partei sein. Also bin ich in die SED eingetreten. Gleich nach der Wende bin ich wieder ausgetreten, wie die meisten anderen ja auch.

Natürlich hat man immer wieder davon gehört, dass jemand von der Besatzung - wir waren damals immer 15 Mann auf einem Kutter - sich in den Westen abgesetzt hat. Auch ich hatte als Kapitän einmal so einen Fall zu verantworten. Mitte der 60-er Jahre, wir lagen in Norwegen, hatten drei Tage lang schlechtes Wetter. Als wir gerade wieder auslaufen wollten, kam ein Maschinist an Deck. Schmutzig, in seiner Arbeitskleidung. Er fragte, ob er noch kurz eine Postkarte in den Briefkasten werfen könne. Ich erlaubte das, er sprang von Bord - und kam nicht wieder. Ich weiß bis heute nicht, was aus ihm geworden ist.

Der Vorfall hat damals natürlich mächtig Ärger verursacht. Wieder zuhause wurde ich gleich in ein Büro im Kombinatsgebäude gerufen. Alle wussten, dass dort die Staatssicherheit saß. Die wollten alles ganz genau wissen. Ob die Flucht nicht zu verhindern gewesen wäre, wie die Stimmung an Bord wäre, ob noch andere von der geplanten Flucht wüssten und so weiter.

Aber es ging alles glimpflich ab. Ein paar Jahre später wurde man in so einer Situation als Kapitän sofort degradiert, aber Mitte der 60-er Jahre war noch alles lockerer. Es fuhr auch noch nicht - wie später bei Reisen ins westliche Ausland - jedesmal ein Polit-Offizier mit.

Die Kontaktaufnahme

Ein paar Jahre später, 1968, versuchte die Stasi dann, mich anzuwerben. Wir waren damals auf Heringsfang, spät in der Saison, im März. Damals fischten wir schon pelagisch, also mit einem Netz, das alle Schichten vom Grund bis zur Oberfläche abdeckte. Das war eine neue, hervorragende Technik, die aber immer zwei Kutter benötigte, um das Netz auszuspannen.

Wir fuhren also zu zweit los, ich mit meiner Besatzung auf

der „Max Reimann", als zweites Schiff kam die „Rostock" mit. Die Fahrt war nicht sehr erfolgreich. Drei Nächte lang hatten wir überhaupt keinen Fang, wir kamen immer weiter nordwärts und waren dann irgendwann schon in der norwegischen 6-Meilenzone.

Jedes Land achtet streng darauf, dass keine ausländischen Kutter in der eigenen Wirtschaftzone fischten. Wer erwischt wurde, musste nicht nur den Fang abgeben, sondern auch gleich die Netze, das gesamte Fanggeschirr. Dazu gab es noch hohe Geldstrafen.

Und dann sah ich auf dem Echolot einen riesigen Heringsschwarm! Kurz und gut, wir fischten trotzdem. Es war mitten in der Nacht, wir fühlten uns sicher. Aber als wir gerade dabei waren, das Netz wieder einzuholen, erkannte ich auf dem Radar einen Punkt. Ein Schiff kam auf uns zu. Doch durchs Fernrohr konnte ich nirgends Positionslampen sehen. Das war natürlich verdächtig.

Ich alarmierte über UKW den Kapitän des anderen Schiffes. Wir machten aus, dass ich dem Schiff entgegenfahre und, wenn es wirklich ein „Krieger", also ein Küstenwachschiff der Norweger wäre, der andere Kapitän das Netz einfach kappen sollte. Fahren durften wir ja in der norwegischen Wirtschaftszone, nur nicht fischen.

Aber es kam anders. Es war wirklich ein Küstenwachschiff, es näherte sich schnell und als das Netz gerade eingeholt wurde, ging der Scheinwerfer an und leuchtete voll auf den Fang. Da war nun nichts mehr abzustreiten. Ich überlegte nicht lange und haute ab. Erst kamen sie hinterher, aber dann drehten sie um und blieben lieber bei dem Schiff mit dem Fang.

Die „Rostock" wurde dann nach Aaalesund gebracht. Die Besatzung musste dort fast 14 Tage warten. Erst, als unser

Kombinat die Strafe - mehrere hunderttausend norwegische Kronen - gezahlt hatte, ließ man sie wieder auslaufen. Ich hatte natürlich auf dem Heimweg durchgegeben, was passiert war.

Als wir in Rostock zurück waren, kamen auch gleich die Herren von der Fangleitung an Bord. Und es waren auch „Schlapphüte" dabei, Stasi-Mitarbeiter. Ich musste nochmal den gesamten Hergang erklären - aber dann war erstmal Ruhe. Wir hatten 48 Stunden frei, bevor wir wieder auslaufen sollten, ich konnte nach Hause gehen.

Aber als ich dann meinen Dienst wieder antrat, hieß es gleich: 'Horst, du sollst nochmal hochkommen, ins Büro.' Ich musste also wieder ins Stasi-Büro, sollte nochmal alles erzählen. Ein Mann saß nur da und hörte die ganze Zeit schweigend zu. Als ich fertig war, verließen die anderen den Raum und der Mann kam gleich auf den Punkt: 'Das hört sich ja alles ganz gut an, das haben Sie ja jetzt alles ganz anschaulich erzählt - könnten Sie sich nicht vorstellen, häufiger mal Berichte zu liefern, aus dem Ausland, von der Stimmung an Bord und so weiter...?"

Ich war damals gerade mal dreißig Jahre alt und entsprechend ungestüm: „Also meine Kumpels anscheißen - mit mir nicht! Punkt! Aus! Niemals!" Das war wohl ziemlich deutlich. Jedenfalls erklärte der Mann daraufhin nur: „Na, wenn Sie nicht wollen - dann eben nicht." Das war's! Es wurde nie wieder darüber gesprochen, ich wurde nie wieder gefragt.

Ich bin danach noch jahrzehntelang zur See gefahren und hatte nie irgendwelche Nachteile. Ich weiß, dass es bei anderen nicht so glimpflich abging. Mein eigener Bruder war Funker auf der „Völkerfreundschaft". Den wollte die

Stasi auch gewinnen. Als er ablehnte, hat man ihm eine Falle gestellt. Sie wussten, dass er aus der BRD immer den „Stern" und den „Spiegel" mitbrachte und ließen ihn damit hochgehen. Er bekam Berufsverbot, acht lange Jahre lang. Mit 39 ist er gestorben, an Krebs.

Ich bin sicher, dass der Gram über sein Schicksal zu seinem frühen Tod beigetragen hat. Ihn hat es hart erwischt. Aber mein Beispiel zeigt: Man konnte Nein sagen, bei der Stasi - und es passierte einem überhaupt nichts.

*

Die Stasi hat mein Leben lang Regie geführt

(Anke Menade (62), Ökonomin aus Berlin)

Als ich Kind war, hatten meine Eltern nichts am Hut mit Sozialismus. Sie betrieben eine eigene Bäckerei in einem kleinen Ort bei Falkenberg im Süden des Landes Brandenburg. Auch die Lehrer waren in meinen ersten Schuljahren noch nicht vom Sozialismus und der DDR überzeugt, sie waren sozusagen noch „vom alten Schlag." Als Kind wurde ich also geprägt vom Widerstand gegen die bestehenden Verhältnisse. Später musste ich dann erleben, dass viele meiner Lehrer umschwenkten. Und als sie dann schon alle rot waren, kam der 17. Juni 1953, der Aufstand in der DDR. Für mich war dieser Tag ein Schlüsselerlebnis. Meine Schul-Direktorin, damals bereits eine glühende Kommunistin, legte ihr Partei-Abzeichen am 17. Juni weg, erklärte sich zur Widerstands-Kämpferin und ging mit auf die Straße. Am nächsten Tag, als der Aufstand niedergeschlagen war, legte sie das Parteiabzeichen sofort wieder an und war wieder eine glühende Kommunistin. Dieser Opportunismus und dieses „die Partei hat immer recht" - das ekelte mich sehr an. Und dann musste ich so etwas auch in der eigenen Familie erleben. Meine Mutter trat in die SED ein. Mein Vater war bereits gestorben, sie musste die Familie allein über Wasser halten, war bei der Reichsbahn und versprach sich durch den Eintritt in die Partei Vorteile. Auch sie wurde zur richtig strengen Genossin. Für mich war das furchtbar." Nach der Schule bekam ich einen Verwaltungsposten beim Rat des Kreises in Herzberg. Ich war damals schon fest entschlossen, in den Westen zu gehen. Hatte bereits losen schriftlichen Kontakt mit einer Cousine im Odenwald aufgenommen. Aber natürlich hatte ich auch Angst, an der Grenze geschnappt und wieder nach Hause geschickt zu werden. Ich war ja noch minderjährig. 1957 bekam ich die offizielle Erlaubnis, zu meiner Cousine in den Odenwald zu fahren. Heimlich hatte ich schon alles mit ihr geklärt. Sie hatte mir sogar schon eine Stelle als Hausmädchen beschafft. Weder meine Mutter, noch meine Geschwister wussten davon. Im Westen wurde ich gut aufgenommen. Ich hatte eine schöne Arbeit, absolvierte noch einen Abschluss für Kindererziehung und kam dann als Hausmädchen zu einer Familie nach Frankfurt am Main. Ich hatte einen interessanten Bekanntenkreis, es war die schönste Zeit in meinem Leben. Ich dachte, ich hätte damit die DDR weit hinter mir gelassen. Doch das war leider ein Irrtum."

Die verhängnisvolle Rückkehr

„Erst drei Jahre später, 1960, sah ich meine Mutter und meine Schwester wieder. Wir hatten uns in Westberlin verabredet. Meine Mutter war inzwischen bei der Reichsbahn zur Kaderchefin eines großen Bahnhofes aufgestiegen. Aber dann machte sie einen folgenschweren Fehler. Sie ließ sich nämlich mit meiner Schwester in einer Ostberliner Pension registrieren. Aber dann blieben beide über Nacht bei mir im Westteil. Erst am nächsten Tag kehrten sie zurück. Ihr Verschwinden war da bereits gemeldet worden. Und das hatte schlimme Konsequenzen. Meine Mutter verlor ihren Posten als Kaderchefin und sollte fortan als Schrankenwärterin arbeiten! Darüber ist sie nie hinweggekommen, es ging ihr danach immer schlechter. Heute weiß ich, dass sie sich damals, unter diesem Schock, bei der Stasi von mir losgesagt hat und auch Informationen über mein Leben im Westen weitergegeben hat. Sie bekam später auch wieder eine Stelle beim Rat der Stadt. Trotzdem wurde es mit ihrer Gesundheit immer schlechter, es hat sie alles sehr mitgenommen. Im Juli 1961 wurde ihr Zustand so schlimm, dass ich mich entschloss, sie zu besuchen. Ich erhielt auch eine offizielle Besuchserlaubnis für den gesamten Juli. Dass der Mauerbau damals unmittelbar bevorstand, wusste ich natürlich nicht. Schon bei meiner Ankunft am Leipziger Hauptbahnhof erklärte mir meine Schwester, dass ich mich verstecken müsse. Dass es nicht gut wäre, wenn mich jemand sähe, das könnte sonst zu Schwierigkeiten führen. Heute weiß ich, dass dieser Moment die letzte Chance für mich war, sofort rüber in den Westen zu fahren. Ich habe es nicht getan und das verzeihe ich mir bis heute nicht. Erst spät in der Nacht wagten wir uns in die Wohnung meiner Mutter und auch danach ging ich nicht hinaus. Und trotz dieser Vorsichtsmaßnahmen - am 1. Juli war ich gekommen - und am 3. Juli klingelte bereits die Staatssicherheit an der Tür. Es erschienen zwei Herren, beide nett, einer stellte sich vor als Leutnant Friedrich, den anderen Namen habe ich vergessen. Dass es Stasi-Leute waren, habe ich damals gar nicht gewusst. Sie stellten sich vor als Mitarbeiter vom Rat des Bezirkes Cottbus. Dann sprachen sie lange über die DDR und zählten auf, was im Sozialismus schon alles erreicht worden sei. Sie luden mich dann ein, mir die vielen Errungenschaften, die neuen Industrieanlagen in der Region, doch mal mit ihnen gemeinsam anzusehen. Den ersten Besuch empfand ich deshalb sogar noch als nett und sympathisch.

Die Stasi läßt die Katze aus dem Sack: Ich soll im Westen für sie spitzeln

Aber dann erschienen die Herren noch zweimal. Immer in der gleichen Angelegenheit, immer ging es um die Errungenschaften in der DDR. Meine Mutter tat damals so, als ob sie mit diesen Besuchen nichts anzufangen wüsste, aber in Wahrheit wusste sie Bescheid. Das konnte ich nach der Wende meiner Akte entnehmen, die ich von der Gauck-Behörde bekam. Ich ahnte damals nicht, um was es eigentlich ging: Sie wollten mich als Spitzel werben. In der Akte notierten die Stasi-Leute, was sie von mir hielten: *Zurückhaltend, aufgeschlossen, aber mit typisch westlichen Anschauungen.* Später sind sie dann aber wohl zu der Überzeugung gekommen, dass ich für sie doch geeignet wäre, denn sie schrieben: *...aufgrund ihres geistigen Niveaus durchaus in der Lage, für uns Aufgaben zu übernehmen.* Sogar einen Decknamen hatten sie sich schon für mich ausgedacht: *Marika.* Beim letzten Besuch der beiden Stasi-Männer, am 11. Juli 1961, wurde ich eingeladen, zwei Tage später nach Cottbus zu kommen. Am Bahnhof wurde ich abgeholt und wir fuhren durch die Lausitz, wo man mir die Industrieanlagen zeigte. Und schließlich, in Hoyerswerda, ließen sie die Katze dann aus dem Sack. Sie erklärten, dass diese Industrie-Anlagen, überhaupt der Sozialismus in der DDR, vor Feinden geschützt werden müsse. Und dabei könne ich helfen. Ich war erstmal sprachlos. Und dann erfuhr ich, dass diese beiden Männer überraschend gut über mich Bescheid wussten. Was ich im Westen machte, mit wem ich verkehrte - einfach alles. Ich konnte mir das damals natürlich nicht erklären, das habe ich ja alles erst nach der Wende aus meiner Akte erfahren. Denn meine Mutter hatten sie natürlich auch unter Druck gesetzt und sie hatte ja schon eine ganz schlimme Erfahrung mit der Staatssicherheit hinter sich. Als ich das las, war es natürlich trotzdem ein furchtbarer Schock für mich. Bei der Gauck-Behörde boten sie mir deshalb sogar Betreuung durch einen Psychologen an. Damals, im Juli 1961, war ich aber einfach erschrocken, was diese Leute über mich wussten. Und dann kam es noch viel schlimmer. Sie erklärten mir unmissverständlich, was sie von mir wollten. Ich sollte mich in Baumholder, einem US-Militärcamp im Saarland einschleusen lassen. Am besten als Freundin eines GI's, eines US-Soldaten, um dann irgendwie an Informationen zu kommen. Ich war damals wohl ein ganz hübsches Mädchen, aber dass die mich so mehr oder weniger als Flittchen benutzen wollten, hat mich sehr empört. Doch für die beiden schien längst alles klar zu sein. Sie nannten mir dann meinen Decknamen und die Namen und Adressen von Mitarbeitern, mit denen ich künftig Kontakt in der DDR halten sollte. Ich sagte nicht ausdrücklich zu, ließ die beiden im unklaren. Im Hinterkopf hatte ich natürlich, dass ich ja sowieso nur zu Besuch war, und wenn ich erst wieder im Westen wäre, könnten die mir mal den Buckel runterrutschen.

Die Erpressung

Eine Woche später, am 20. Juli 1961, klingelten die beiden Stasi-Männer dann wieder an der Tür. Diesmal war ich allein zu Hause, das hatten die wohl so abgepasst. Bei diesem Besuch war der Ton viel rauher als zuvor. Unmissverständlich forderten die beiden jetzt mein Einverständnis zur Mitarbeit. Ich sollte zusagen und unterschreiben. Aber ich habe rundweg abgelehnt. Dies ließen die beiden aber gar nicht gelten und dann öffneten sie mir die Augen und erklärten mir, wie es um mich bestellt wäre. Da war keine Freundlichkeit und nichts mehr. Stattdessen haben sie mir knallhart drei Möglichkeiten für meine Zukunft aufgezählt. Erstens: Ich mache mit. Zweitens: Ich mache nicht mit, dann komme ich nie mehr rüber in den Westen. Drittens: Wenn ich versuchen sollte, die Zusammenarbeit zu beenden, sobald ich wieder im Westen wäre, würde mir dort etwas Schlimmes zustoßen. Für mich brach eine Welt zusammen. In den folgenden zwei Tagen wurde mir klar, dass ich unter diesen Umständen da bleiben müsse. In dieses US-Militärcamp wollte ich auf gar keinen Fall. Ich entschied mich also erst einmal dafür, in der DDR zu bleiben und hatte trotzdem noch die heimliche Vorstellung, doch noch irgendwie rüberzukommen, über die Grüne Grenze, die damals ja noch offen war. Zwei Tage später, am 22. Juli 1961, fuhr ein schwarzes Auto der Staatssicherheit vor. Wieder war ich allein zuhause. Ich musste sofort die Sachen packen, sollte mich einrichten für 14 Tage. Erst fuhren wir kreuz und quer durch die Gegend, dann wurde ich nach Berlin gebracht, ich glaube, nach Hohenschönhausen. Ich weiß nur noch, dass ich irgendwann in einen Raum geführt wurde, der rund war und es gab keine Türklinken. Nach ein paar Stunden wurde ich dann nach Blankenfelde gebracht. Dort kamen alle hin, die vom Westen wieder in die DDR zurückkehrten. Meinen Pass und meinen Personalausweis nahmen sie mir sofort ab und dann wurde ich immer wieder verhört, ob ich wirklich die Absicht hätte, hier zu bleiben. Die Vernehmer waren sehr unruhig, das spürte man förmlich. Zwei Wochen ging das so. Wir waren vier Frauen in einem Zimmer, mussten

Küchenarbeit verrichten, Unkraut jäten und wurden überhaupt behandelt, wie der letzte Dreck. Am 12. August 1961, einem Samstag, wurde ich dann entlassen. Morgens beim Appell wurde mir dies mitgeteilt. Ich bekam eine Fahrkarte, wurde zur S-Bahn gebracht und sollte wieder zu meiner Mutter nach Hause fahren. Auf der Fahrt merkte ich, dass mich ein Mann verfolgte. Am Nachmittag war ich dann zu Hause und in der gleichen Nacht wurde die Mauer gebaut. Am nächsten Morgen brachten sie es in den Nachrichten und alle meine heimlichen Träume, doch noch irgendwie rüber in den Westen zu kommen, waren auf einen Schlag über den Haufen geworfen. Ich habe keinen Fluchtversuch mehr unternommen und bin dann bis zum Mauerfall in der DDR geblieben.

Mein erzwungenes Leben in der DDR

Für mich war damals eine Welt zusammengebrochen. Ich war ja nicht nur gefangen in der DDR, sondern für mich begann jetzt auch noch ein Spießrutenlauf. Als jemand, der aus dem Westen kam, wurde mir überall Misstrauen entgegengebracht. Jeder Job, bei dem es auch nur im entferntesten Sicherheitsbedenken gab, war mir verwehrt. Ich durfte in keinem volkseigenen Betrieb arbeiten. So kam ich in einem halbstaatlichen Elektro-Betrieb im brandenburgischen Falkenberg unter. Dort musste ich am Fließband stehen und Bügeleisen zusammensetzen. Es war Akkordarbeit und oft flossen bei der Arbeit Tränen. Auch für meinen Mann, ich hatte inzwischen meinen Jugendfreund geheiratet, war es mit der Karriere erst einmal vorbei. Er hatte Elektrotechnik studiert und sollte eigentlich in die Forschung nach Dresden. Daraus wurde auch nichts. Für mich wurde die Situation dann irgendwann besser. Der Firmenchef in dem Elektro-Betrieb kannte noch meine Eltern aus alten Tagen und nahm mich, auch auf die Gefahr hin, deshalb Schwierigkeiten zu bekommen, in die Lohnbuchhaltung. Dort, als Sekretärin, fielen mir zweimal Briefe der Staatssicherheit in die Hände, in denen sie sich bei der Betriebsleitung nach mir erkundigten. Die hatten mich also über die Jahre immer noch im Visier. Mein Mann bekam dann eine Stelle als Elektro-Ingenieur in einer Brikett-Fabrik, wir zogen um nach Plessa. Nach der Geburt unserer Kinder habe ich dann erstmal drei Jahre gar nicht mehr gearbeitet. Ende 1968 bekam ich dann eine Stelle im Schraubenwerk von Elsterwerda. Und dort konnte ich dann endlich nochmal durchstarten. Wir hatten damals einen Betriebsdirektor, zwar auch ein Genosse, aber der schaute streng auf die Leistung und nicht auf das Parteibuch. So habe ich es dann tatsächlich geschafft, bis zum Ökonomischen Direktor des Werkes aufzusteigen, ohne in der SED zu sein. Eines Tages ging es darum, dass einige Frauen aus dem Betrieb zum Studium für Schwermaschinenbau delegiert werden sollten. Auch ich bewarb mich dafür. Doch ich wurde abgelehnt. Es hing wieder damit zusammen, dass ich aus dem Westen gekommen war. Aber dann ging ich zu meinem Betriebsdirektor und habe ihm meine ganze Geschichte eröffnet. Eigentlich durfte ich ja nie darüber sprechen, aber das war mir dann gleichgültig. Ich habe klipp und klar erzählt, dass ich nicht verstehen kann, wieso mein Staat mich auf der einen Seite für geeignet hielt, dem Ministerium für Staatssicherheit militärische Geheimnisse aus dem Westen zu besorgen und mich auf der anderen Seite nicht studieren lassen wolle. Da könne doch

wohl etwas nicht stimmen. Der Betriebsdirektor war natürlich perplex, dass ich ihm diese Dinge eröffnete und forderte
mich auf, das erstmal zu beweisen. Ich hatte immer noch die
Telefonnummer von Stasi-Leutnant Friedrich. Die gab ich
dem Direktor als Beweis. Und wirklich, ich konnte dann
doch noch studieren! Daneben war ich weiter Ökonomischer Direktor im Schraubenwerk von Elsterwerda. In die
Partei bin ich bis zum Schluss nicht eingetreten.

Anke Menade ist heute Rentnerin und lebt in Berlin.

*

Jochen Hans Thiele aus Wildau

Zwei Jahre Gefängnis für zwei Witze!
Und danach sollte ich für die noch spitzeln

Die Vorgeschichte

„Mein Name ist Jochen Hans Thiele. Ich bin 62 Jahre alt, Rentner und lebe in Wildau bei Berlin. Ich bin gelernter Maurer und habe später in Gotha Bauingenieurwesen studiert. Am 1. August 1961, genau zwölf Tage vor dem Mauerbau, fuhr ich vom Studium in Gotha zu Besuch zu meinen Eltern nach Berlin. Ich war damals 21 Jahre alt und studierte im 5. Semester. Auf dem Bahnhof kam ich mit einem Mann ins Gespräch. Wir flachsten rum, über die Transport-Polizisten, die auf dem Bahnsteig Streife gingen und ob die wohl jemanden verhaften wollen, weil ja zur Zeit so viele abhauen. Später, auf der Fahrt, witzelten wir noch über den Staat und ich sagte irgend etwas über den Spitzbart von Ulbricht und dass wir in der DDR demnächst alle Filzpantoffeln bekommen sollen, damit wir den Westen wirtschaftlich lautlos überholen können. Was ich damals nicht ahnte: mein Gegenüber im Zug war ein Stasi-Mitarbeiter. Er hatte damals den Job, mit Reisenden ins Gespräch zu kommen und berichtete seiner Dienststelle natürlich alles brühwarm. Auch die Transport-Polizisten vom Bahnsteig wurden als Zeugen angeführt. Trotzdem - danach geschah wochenlang erstmal nichts."

Das Urteil

Erst am 22. Oktober 1961 wurde Jochen Hans Thiele dann verhaftet. Die Mauer war inzwischen gebaut. Der Kalte Krieg hatte seinen Höhepunkt erreicht. Entsprechend nervös und aufgeheizt war die Stimmung. Sogar Handschellen wurden dem Studenten Thiele bei seiner Verhaftung angelegt. Und in der Zelle bekam er gleich in der U-Haft gestreifte Häft-

Jochen Hans Thiele (li.) in den 60er Jahren

lingskleidung Die DDR-Justiz warf dem damals 21-jährigen, der ein paar Witze im Zug gemacht hatte, nichts weniger vor, als dies: „Staatsverbrechen. Staatsgefährdende Propaganda und Hetze." So steht es in der Urteilsschrift. Und darüber steht: „Im Namen des Volkes." Jochen Hans Thiele blieb damals zwei Monate lang in Untersuchungshaft. In dieser Zeit wurde er immer wieder verhört. Thiele erinnert sich: „Die haben mir klipp und klar gesagt: „Du gibst alles zu! Du machst alles, was wir sagen - dann geht der Prozess gegen dich glimpflich aus und danach kannst du sogar dein Studium fortsetzen." Ich konnte mir einen Anwalt nehmen. Wir haben damit gerechnet, dass wohl drei Monate Haft unvermeidlich wären. Und dann kam, am 18. Januar 1962, das Urteil vor dem Bezirksgericht in Erfurt: Zweieinhalb Jahre Gefängnis!

Bezirksgericht Erfurt - I. Strafsenat
Im Namen des Volkes!
U r t e i l
In der Strafsache

gegen den Student

Jochen, Hans   T h i e l e ,
geb. am 2o. 2. 194o in Berlin-Charlottenburg,
wohnh. in Gotha, Schäferstr. 57,
deutsch, Bürger der DDR, ledig, nicht vorbestraft,
in U.-Haft seit dem 23. 1o. 1961
in der UHA des MfS Erfurt

wegen fortgesetzter staatsgefährdender Propaganda u. Hetze

hat der I. Strafsenat des Bezirksgerichts Erfurt in seiner
öffentlichen Sitzung am 17. und 18. Januar 1962, an der teilgenommen haben:

Oberrichter Frau Schramm
als Vorsitzende,

Elektriker Hans Grabmann
Instrukteur Paul Lange
als Schöffen,

Staatsanwalt Dahms
als Vertreter der Bezirks-
staatsanwaltschaft,

Justizangestellte Hofer
als Protokollführer

für   R e c h t   erkannt:

Der Angeklagte wird wegen fortgesetzter staatsgefährdender
Propaganda und Hetze (§ 19 Abs. 1 Ziff. 1 und 2 StEG) zu einer
Gefängnisstrafe von

2 - zwei - Jahren und 6 - sechs - Monaten
verurteilt.
Die Untersuchungshaft wird auf die erkannte Strafe angerechnet.
Die Auslagen des Verfahrens hat der Angeklagte zu tragen.

G r ü n d e :

Der 21-jährige Angeklagte ist der Sohn eines Maurermeisters.
Er besuchte 8 Jahre die Grundschule in Halbe und 2 Jahre die
Oberschule in Königs Wusterhausen, in der er aber das Ziel der
10. Klasse nicht erreichte. Anschließend erlernte er bis 1959
den Beruf eines Maurers und nahm im gleichen Jahr das Studium
an der Ingenieurschule für Bauwesen in Gotha auf. Er erhielt ein
als Stipendium von 160,-- DM im Monat.

Der Angeklagte wurde im Elternhaus im Sinne unseres Arbeiter-
und-Bauern-Staates erzogen. Sein Vater hat sich von jeher für
die Interessen der Arbeiterklasse eingesetzt. Er gehört der
Partei der Arbeiterklasse an und ist seit 1946 als Gemeinde-
vertreter tätig. Bereits im Jahre 1958 war er an der Gründung
einer der ersten Produktionsgenossenschaften im Baugewerbe be-
teiligt und ist heute noch als Vorsitzender der PGH tätig. Dadurch ist dem Angeklagten eine durchaus fortschrittliche Erziehung zuteil geworden. Er gehörte der FDJ an und übte in der
Berufsschule die Funktion eines Klassenaktivleiters aus. Auch
im DTSB hat er sich aktiv betätigt und nach Aufnahme seines
Studiums wurde er von der GST als Gruppenleiter für die vor-
militärische Ausbildung eingesetzt. Der Angeklagte selbst hat
bereits an 2 Reservistenlehrgängen der NVA teilgenommen und
im letzten Jahre im NAW 30 Aufbaustunden geleistet.

Durch die Teilnahme am FDJ-Lehrjahr und den gesellschaftswis-
senschaftlichen Unterricht an der Ingenieurschule, der Angeklagte studiert bereits im 5. Semester, besaß er umfangreiche
Kenntnisse über die Grundfragen unserer Politik und die ent-
gegengesetzte Entwicklung der beiden Staaten in Deutschland.
Er beherrschte diese Fragen in der Theorie und hat sie auch
richtig verstanden. Von der Richtigkeit der Politik unseres
Arbeiter-und-Bauern-Staates, von der Kraft der Arbeiterklasse
und dem Sieg des Sozialismus war er aber nicht überzeugt und
setzte kein Vertrauen in sie.

Die Ursache dafür ist, daß er schon von 1956 an desöfteren mit
gleichgesinnten die Westsektoren Berlins aufsuchte und sich dort
Schund- und Hetzfilme ansah. Diese Verbindungen hielt er bis zu
der Zeit aufrecht, als durch die Maßnahmen unserer Regierung
das Rattenloch Westberlin zugestopft wurde.

Infolge seines mangelnden Vertrauens zu unserem Arbeiter-und-Bauern-Staat hielt es der Angeklagte für notwendig, sich nach den Feinden der Arbeiterklasse zu orientieren und hörte die Nachrichten ihrer Hetzsender sowie des NATO-Senders Luxemburg. Wenn er sich besuchsweise bei seinen Eltern aufhielt, schaltete er ohne ihr Wissen das westzonale Fernsehen ein und sah sich insbesondere politische Sendungen, wie z. B. die Tagesschau an. Dadurch beeinflußt, wurde er in seiner widersprüchlichen und schwankenden Einstellung zu unserem Staat noch mehr bestärkt, so daß er schließlich zur offenen Hetze überging.

Bereits während seiner Teilnahme am ersten Reservistenlehrgang im Jahre 1960 fiel der Angeklagte durch die Äußerung, daß er die DDR verlassen und nach Westdeutschland gehen wollte, auf. Deshalb wurde seitens des Kommandeurs der Einheit eine ernsthafte und gründliche Aussprache geführt, in deren Ergebnis der Angeklagte zusicherte, sich entsprechend des von ihm abgegebenen Fahneneides zu verhalten. Trotz der nachdrücklichen Belehrung hat der Angeklagte aber keine Schlußfolgerungen gezogen, wie sich aus seinem weiteren Verhalten ergibt.

Am 1. August 1961 heielt sich der Angeklagte s auf dem Bahnhof in Erfurt auf, um zu seinen Eltern zu fahren. Mit ihm warteten noch andere Reisende, darunter der Zeuge Kohut, auf die Einfahrt des Schnellzuges nach Berlin. Von Angehörigen der Transportpolizei wurden auf dem Bahnsteig Kontrollen durchgeführt. Dabei äußerte der Angeklagte zu dem Zeugen, daß die Reisenden von den Transportpolizisten nur tyrannisiert würden und bezeichnete sie als "Pfeifenköpfe". Zufällig wurde auch der Zeuge Kohut nach dem Zweck seiner Reise befragt und da er keinen Dienstauftrag vorweisen konnte, zur Klärung der Angelegenheit zum Dienstraum mitgenommen. Nach seiner Rückkehr wurde er von dem Angeklagten gefragt, was denn die "Ochsen," damit waren die Angehörigen der Transportpolizei gemeint, von ihm gewollt hätten. Dabei äußerte er in abfälligem Ton, daß die Leute nur schikaniert würden. Als dann im Zug das Begleitkommando vorüberging, äußerte der Angeklagte nochmals, auch gegenüber einem weiteren Reisenden, daß diese Pfeifenköpfe den Menschen nur die Freiheit rauben und es daher kein Wunder sei, wenn so viele nach dem Westen gehen. Er bezeichnete die DDR als "Dreckstaat", in der es nicht einmal etwas zu kaufen gäbe. Er begann dann in gemeiner und infamer Art den Vorsitzenden des Staatsrates Genossen Walter Ulbricht zu diffamieren. Dabei erklärte er, daß er für diese Hetze, wenn sie bekannt würde, mindestens 3 Jahre Knast bekäme. Unter anderem brachte er zum Ausdruck, daß jetzt in der DDR nur noch Filzlatschen hergestellt würden, damit der Westen nicht merke, wenn er von uns überrumpelt wird. Der Angeklagte war der Überzeugung, daß es der DDR niemals gelingen würde, Westdeutschland auf ökonomischem Gebiet zu überholen, obwohl ihm bekannt sein müßte, welche hervorragenden Leistungen unsere Werktätigen gerade in dieser Hinsicht täglich im Produktionsaufgebot vollbringen.

Desweiteren äußerte er, daß er schon längst abgehauen wäre, wenn er nicht befürchten müßte, daß seine Geschwister dann ihre Stellungen verlieren und in den Keller müßten. Damit wollte er zum Ausdruck bringen, daß seine Angehörigen in diesem Falle Repressalien seitens unserer Sicherheitsorgane ausgesetzt sein würden, obwohl er nicht in der Lage ist und auch gar nicht sein kann, auch nur ein einziges Beispiel zu nennen für diese Behauptungen.

Als im vergangenen Jahre in breitesten Kreisen der Bevölkerung der Abschluß eines Friedensvertrages erörtert wurde, hetzte der Angeklagte dagegen. Er behauptete in diesem Zusammenhang gegenüber anderen Studenten in der Mensa, daß die sozialistischen Länder besäßen weder Selbständigkeit noch Souveränität, sondern sie unterstünden der Sowjetunion, die sich das Recht anmaße, jederzeit in die inneren Angelegenheiten dieser Staaten rechtswidrig einzugreifen. Die Ereignisse in der DDR 1953 und in Ungarn 1956 hätten das bewiesen. Diese Informationen besaß der Angeklagte von den westzonalen Hetzsendern, denen er bedingungslos Glauben schenkte und voll inhaltlich zustimmte. Dort orientierte er sich auch nach dem 13. 8. 1961, als durch die Maßnahmen unserer Regierung der Frieden gerettet und den Kriegstreibern ein entscheidender Schlag versetzt wurde. Der Angeklagte erklärte dazu, daß solche Maßnahmen nur durchgeführt worden seien, um Westberlin zu isolieren und daß sie jeder gesetzlichen Grundlage entbehren. Es könne daher nicht ausbleiben, daß von den NATO-Mächten Gegenmaßnahmen eingeleitet würden, die einen Krieg zur Folge haben müßten.

Im gleichen Sinne sprach er sich auch gegen die Entfernung der Ochsenkopfantennen aus und stellte mit Genugtuung fest, daß diese Aufklärungsaktion den Widerstand der Bevölkerung hervorrufen würde, da sie Zwang bedeute. Derartige Diskussionen wurden von dem Angeklagten zu wiederholten Malen in der Mensa gegenüber einer ganzen Reihe von Studenten geführt.

Anläßlich des Kampfaufgebotes der FDJ, in welchem die Jugend zur Verteidigung der DDR aufgerufen wurde, weil durch den Vorsitzenden des Staatsrates die Kriegspläne der Bonner Ultras, die für den Herbst 1961 einen bewaffneten Überfall auf die DDR vorsahen, offen entlarvt worden waren, fand auch in der Klasse des Angeklagten eine Versammlung statt. In der Absicht, seine Klassenkameraden davon abzuhalten, sich aktiv für die Verteidigung einzusetzen, begann er sofort eine negative Diskussion. Er erklärte, daß sie sich doch bereits verpflichtet hätten, an Reservistenlehrgängen teilzunehmen, obwohl das nur auf 6 seiner Klassenkameraden zutraf und daß es deshalb Unsinn sei, noch eine weitere Verpflichtung abzugeben. Als er bemerkte, daß er mit seiner Ansicht nicht durchdrang, war er einer der ersten, der die Verpflichtung, um den Schein zu wahren, unterschrieb.

In der Gaststätte "Steigerbräu" in Gotha hetzte der Angeklagte im Herbst 1961 gegenüber verschiedenen Gästen wiederholt in infamer Weise gegen den Vorsitzenden des Staatsrates und die Politik unserer Regierung. Auch hier stellte er die Behauptung auf, daß die DDR nicht in der Lage sei, Westdeutschland jemals in wirtschaftlicher Hinsicht zu überholen und verbreitete die Sache mit den Filzlatschen.

In gleicher Weise hetzte er verschiedene Male gegenüber dem Zeugen Engelbert, mit dem er seit September 1961 ein gemeinsames Zimmer bewohnte und teilte auch ihm seine Empörung über die Maßnahmen vom 13. 8. 1961 mit und welche Auswirkung diese haben. Mit diesem Zeugen sah er auch im Fernsehen den Empfang des sowjetischen Kosmonauten Titow in Schönefeld. Dabei bemerkte er, daß der Vorsitzende des Staatsrates beim Gang über den Flugplatz stolperte. In gehässiger Weise äußerte der Angeklagte: "Der hätte ruhig hinfallen können." Allein diese Äußerung zeigt, wie tief der Angeklagte bereits gesunken war. Bei seinem gesamten Verhalten ging er immer darauf aus, andere von seiner Ansicht zu überzeugen und sie zu beeinflussen.

Nach diesem festgestellten Sachverhalt ist erwiesen, daß der Angeklagte in breitestem Umfang staatsgefährdende Propaganda und Hetze betrieben hat.

Seine Angriffe richten sich gegen die Sowjetunion, die unzählige Male durch Wort und Tat ihrem unerschütterlichen Willen
zur Erhaltung des Friedens Ausdruck verliehen hat und die an der
Spitze des Weltfriedenslagers steht. Nur ihrem konsequenten Auftreten gegen die Machenschaften der Kriegshetzer ist es zu verdanken, daß bisher der Ausbruch des eines 3. Weltkrieges verhindert werden konnte.

In gleicher Weise hat der Angeklagte auch die Politik unseres
Staates angegriffen und dagegen gehetzt. Er scheute sich auch
nicht, einen so bewährten und verdienten Staats- und Partei-
funktionär, wie den von allen friedliebenden Menschen wegen
seines unermüdlichen Kampfes für den Frieden und die Interessen
der Arbeiterklasse hoch geachteten und verehrten Genossen Walter Ulbricht, in niederträchtigster und infamster nicht wiederzu-
gebender Weise anzugreifen. Gerade wegen dieser Verdienste steht
er im Kreuzfeuer der zügellosen Hetze unserer Gegner. Auf ihre
Position ist der Angeklagte herabgesunken, hat sich mit ihnen
solidarisiert, ihre Argumente angewendet und verbreitet.

Das gleiche trifft auch auf die Hetze gegen die Transportpolizei
zu. In Treue zu unserem Arbeiter-und-Bauern-Staat versehen die
Angehörigen der Transportpolizei ihren schweren, verantwortungs-
vollen und nicht ungefährlichen Dienst und sind deshalb vor derartigen Angriffen zu schützen.

Mit seiner Handlungsweise verfolgte der Angeklagte die Absicht,
andere Bürger aufzuhetzen und sie davon abzuhalten, alle Kräfte
für die Verwirklichung der Politik unseres Staates, die den hu-
mansten und edelsten Zielen der Menschheit dienen und daher im
Interesse jedes einzelnen liegen, einzusetzen. Aufgrund seiner
Bildung, die ihm auf Kosten unserer Arbeiter-und-Bauern-Macht
zuteil wurde, war er durchaus in der Lage, die Tragweite und
das Ausmaß der von ihm gemachten Äußerungen zu erkennen.

Er hat daher die Voraussetzungen des § 19 Abs. 1 Ziff. 1 und 2
StGB erfüllt und ist danach strafrechtlich zur Verantwortung zu
ziehen.

Die Handlungen des Angeklagten sind im Fortsetzungszusammenhang
zu sehen, da sie stets das gleiche Objekt verletzen, mit der selben Zielrichtung begangen wurden, gleichartig in ihrer Begehungs-
form sind und im zeitlichen Zusammenhang stehen.

Das Verhalten des Angeklagten ist politisch-moralisch äußerst
verwerflich. Es zeigt klar und unmißverständlich auf, wie gefähr-
lich sich die von den Bonner Ultras ständig verbreitete maßlose
Hetze auf einzelne unserer Bürger auswirkt. Durch die ideolo-
gische Diversion soll, wie der Angeklagte ganz richtig, wenn
auch zu spät erkannt hat, Unruhe in der DDR gestiftet, die Bevölkerung beeinflußt und so der Boden für einen bewaffneten Überfall vorbereitet werden. Der Angeklagte ist diesem Gift völlig
erlegen. Er hat sich zum Sprecher des Klassenfeindes degradiert
und ihn dadurch bei der Verwirklichung seiner verbrecherischen
Pläne unterstützt. Damit hat er sich schwer gegen den Frieden,
gegen den Staat und gegen die Interessen unserer Bürger vergangen.
Das kennzeichnet zugleich den hohen Grad der Gesellschaftsgefährlichkeit seiner Tat.

Den Ausführungen der Verteidigung muß insofern gefolgt werden,
daß der Angeklagte von sich aus bemüht war, seine Verbrechen
in ihrem vollen Umfang darzulegen und zuzugestehen. Der Senat ist
der Überzeugung, daß der Angeklagte ehrlich bestrebt ist, mit
seiner Vergangenheit zu brechen und sich umzustellen.

Zuzustimmen ist der Verteidigung auch darin, daß in diesem Falle
das Kollektiv, in welchem der Angeklagte lebte, versagt hat.
Obwohl er seine hetzerischen Äußerungen vor einer ganzen Anzahl
von Studenten gemacht hat, hat man ihn nicht zur Verantwortung
gezogen und die Auseinandersetzung auch nicht in das Klassenkol-
lektiv hineingetragen. Ganz offensichtlich ist man einer solchen
Auseinandersetzung ausgewichen. Diese Unterlassung hat den Angeklagten in seinem Verhalten noch bestärkt, so daß er mit seiner
Hetze in immer massiverer Form hervortrat. Das sollte der Schul-
leitung als Hinweis dienen, dieser Frage nachzugehen und die Auseinandersetzung darüber zu ~~führen.~~ beginnen.

Diese Umstände sind allerdings im Antrag der Anklagevertretung
bereits weitgehendst berücksichtigt worden. Wegen der inhalt-
lichen Schwere der Tat des Angeklagten und des hohen Grades ihrer
Gesellschaftsgefährlichkeit sah der Senat keine Veranlassung, von
diesem Antrag abzuweichen und erkannte auf eine Gefängnisstrafe von
2 Jahren und 6 Monaten, die zum Schutze unseres Staates und seiner
Bürger notwendig ist.
Die Anrechnung der Untersuchungshaft erfolgt aus § 219 Abs.
2 StPO, die Entscheidung über die Auslagen des Verfahrens aus
§ 353 StPO, in Verbindung mit § 2 Abs. 2 StKVO.

Die Situation

Um dies zu verstehen, hilft ein Blick in die Urteils-Begründung. Was nur annähernd den Vorwurf „staatsfeindlicher Hetze" erhärten konnte, wurde angeführt. Das Gericht gab keine juristische Begründung ab, es politisierte vielmehr, im Sinne der Ideologie der SED. Jochen Hans Thiele war vor dem Mauerbau, als Jugendlicher in Berlin, manchmal in den Westteil der Stadt gefahren und dort ins Kino gegangen. In der Urteilsbegründung hieß es dann: *...desöfteren mit Gleichgesinnten die Westsektoren Berlins aufsuchte und sich dort Schund- und Hetzfilme ansah. Diese Verbindungen hielt er bis zu der Zeit aufrecht, als durch die Maßnahmen unserer Regierung das Rattenloch Westberlin zugestopft wurde.* Das war noch nicht alles. Denn Thiele wäre auch von *schwankender Einstellung zu unserem Staat und der Sowjetunion, die unzählige Male durch Wort und Tat ihren unerschütterlichen Willen zur Erhaltung des Friedens Ausdruck verliehen hat und die an der Spitze des Weltfriedens-Lagers steht. Nur ihrem konsequenten Auftreten gegen die Machenschaften der Kriegshetzer ist es zu verdanken, dass bisher der Ausbruch eines 3. Weltkrieges verhindert werden konnte.*

Mit dem Bauingenieur-Studenten Jochen Hans Thiele aus Gotha im 5. Semester hatte dies allerdings alles nur wenig zu tun...

Der erste Anwerbungs-Versuch

Zweieinhalb Jahre Gefängnis für ein paar Witze! Jochen Hans Thiele verstand die Welt nicht mehr. Von der Untersuchungshaft in Erfurt wurde er ins nahe Gräfentonna gebracht. Ein Gefängnis, in dem kein Unterschied gemacht wurde, zwischen „politischen" Häftlingen und Kriminellen. Thiele war zusammen mit Sexualverbrechern und Dieben auf Hofgang. Aber er erinnert sich auch an viele Gefangene, die damals, wie er, grundlos eingesperrt wurden. An den Bäckermeister, der sich öffentlich beklagt hatte, weil das Mehl teurer geworden war. An den LPG-Vorsitzenden, der offen Missstände kritisierte. Unbescholtene Leute aus allen Bereichen des gesellschaftlichen Lebens, plötzlich vereint in einem ganz normalen Strafgefängnis. Und noch in diesem Gefängnis sprach die Staatssicherheit Thiele zum ersten Male an. Er sollte Auskunft geben, über Zellen-Kameraden. Thiele verweigerte sich. Er hatte nie etwas gehört oder gesehen, er gab stets an, dass er „gerade ein Buch gelesen" hätte. Die Stasi entließ ihn zwar nur widerwillig - aber für den Rest der Haftzeit wurde er vom MfS in Ruhe gelassen. 1963 wurde Jochen Hans Thiele aus dem Gefängnis entlassen. Ein Jahr arbeitete er auf dem Bau, danach konnte er sein Studium in Erfurt fortsetzen - in dieser Frage zumindestens hatte die Stasi Wort gehalten.

Der zweite Anwerbungs-Versuch

Aber der Weg von Jochen Hans Thiele führte später noch einmal geradewegs in den Dunstkreis der DDR-Staatssicherheit. Denn drei Jahre später wurde in Königs-Wusterhausen eine Kreisdienststelle des MfS gebaut - und Bauleiter der zuständigen PGH war damals Thiele!

Obwohl das MfS natürlich Bescheid wusste, über das Vorleben und die Verhaftung wegen „staatsfeindlicher Hetze", entspann sich ein geradezu freundschaftliches Verhältnis zum Bauherrn, dem Leiter der Kreisdienststelle. In dessen Büro nämlich wurde Thiele fast jeden Tag nach Feierabend zum Stand der Bauarbeiten befragt und dann, wie er heute sagt - „besoffen gemacht." Sechs Wochen lang ging das so, dann ließ der Stasi-Mann seine wahren Absichten erkennen: Er wüsste alles über Thieles Vorleben, auch, dass damals in der Haft Gefangene waren, die jetzt in Westdeutschland lebten. Und genau die sollte Thiele anschreiben! Schriftlichen Kontakt aufnehmen sollte er, zum Verband ehemaliger DDR-Häftlinge in Westdeutschland, um dann irgendwie an Informationen zu gelangen.

Wochenlang bearbeitete ihn der Stasi-Mann, jeden Tag nach Feierabend. Nachts lag Jochen Hans Thiele oft wach voller Angst, weil er „die Firma nun wieder am Halse hatte." Damals, im Gefängnis hatte er es empört abgelehnt, für dieses Organ eines Staates, der ihm soviel Leid zugefügt hatte, auch noch zu spitzeln. Trotz seiner Furcht vor möglichen neuen Konsequenzen blieb Thiele jedoch auch jetzt, Jahre später, bei seiner rigorosen Ablehnung. Er wollte mit diesem Staat nichts mehr zu tun haben. Und die Entrüstung, dass man ihn, das Opfer, jetzt wieder so massiv bedrängte, zum Täter zu werden, machte ihn damals furchtbar wütend. Thiele erinnert sich: „Ich habe diesem Pfeifenkopf dann gesagt: Geh' doch mal an eure Panzerschränke und zieh' dir meine Akten raus! Was glaubst du denn, warum ich gerade für euch arbeiten soll? Zwei Jahre Knast für zwei kleine Witze! Eine Riesen-Schweinerei! Mit euch will ich nie wieder etwas zu tun haben."

Das war offensichtlich deutlich genug. Denn Thiele wurde danach nie wieder von der Staatssicherheit kontaktiert. Auch Konsequenzen musste er für seine strikte Weigerung, dem MfS zuzuarbeiten, nicht mehr in Kauf nehmen. Er wurde später PGH-Vorsitzender und blieb es bis zur Wende. 1995 wurde er rehabiliert. Er bekam 11.000 DM Haftentschädigung und das Urteil wegen staatsfeindlicher Hetze von 1962 wurde aufgehoben.

*

Kurt Noack (72),
Hauptbuchhalter aus Groß-Kölzig

Erst sollte ich spitzeln, dann wurde ich verfolgt

„Ich heiße Kurt Noack und bin 1930 in Groß-Kölzig bei Forst in Brandenburg geboren. Im April 1945 wurde ich mit vielen Gleichaltrigen in Hitlers Volkssturm berufen, ins letzte Aufgebot gegen die Russen. Wir bekamen eine Ausbildung an Gewehr und Panzerfaust. Die meisten waren, wie ich erst 15 oder 16 Jahre alt. Als die Rote Armee dann am 16. April 1945 bei uns in Forst und Umgebung einmarschierte, fiel aber Gott sei Dank kein einziger Schuss. Es gab nämlich vernünftige Befehlshaber, die gleich aufgaben, viele sind auch mit dem Pferdewagen geflohen. Auch ich bin, kurz bevor die Russen kamen, mit meiner Mutter und einem Handwagen auf die Flucht gegangen, Richtung Süd-Westen. Wir kamen bis Oschatz in Sachsen und im Mai 1945, als der Krieg zu Ende war, kehrten wir wieder nach Groß-Kölzig zurück. Kurz nach meiner Rückkehr wurde ich von den Russen verhaftet. Wie alle, die damals mit mir in Hitlers Volkssturm erfasst waren. Wir Jungen wurden bezichtigt, Mitglieder der angeblichen NS-Untergrund-Organisation „Werwolf" gewesen zu sein. Dabei hatten die meisten von uns noch nicht einmal davon gehört, dass es so etwas überhaupt gab. Für uns begann trotzdem ein bitterer Leidensweg. Bei mir wurden es mehr als drei lange Jahre in verschiedenen sowjetischen Lagern, unter anderem im ehemaligen Nazi-Konzentrationslager Ketschendorf bei Fürstenwalde. Dort herrschten katastrophale Verhältnisse. Es gab nichts zu essen, nichts zu heizen, 19 meiner Freunde und Bekannten starben. Andere wurden bei den berüchtigten Waldheim-Prozessen Anfang der 50-er Jahre zu hohen Zuchthaus-Strafen verurteilt. Dabei waren wir doch damals als halbe Kinder vollkommen unschuldig."

Der sowjetische Geheimdienst NKWD unterhielt in der Zeit der Sowjetischen Besatzungszone (SBZ) im Osten Deutschlands von 1945 bis 1949 insgesamt 13 sogenannte „Speziallager" - überwiegend umfunktionierte ehemalige Nazi-KZ -in denen mehr als 180000 Häftlinge interniert waren. Darunter waren ehemalige Nazi-Täter, aber auch zahllose Men-

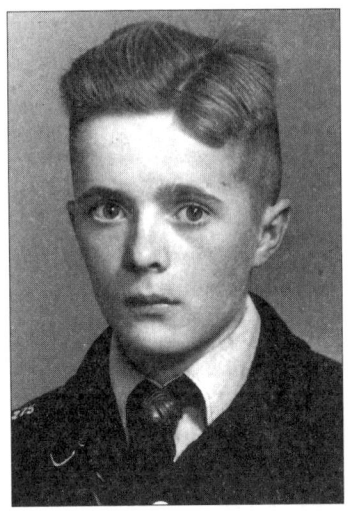

Kurt Noack mit 14 Jahren   Kurt Noack mit 19 Jahren

schen, die nur deswegen verhaftet worden waren, weil sie
der Einführung des Kommunismus nach sowjetischem Vor-
bild im Wege zu stehen schienen: Bürgerliche Oppositionelle,
SPD-Funktionäre, freidenkende KPD-Leute, Bauern, Industri-
elle, Intellektuelle. Und Jugendliche wie Kurt Noack, denen
vorgeworfen wurde, Mitglieder des „Werwolf" zu sein. Unter diesem Namen propagierte das untergehende NS-Re-
gime eine Bewegung mit dem Ziel, in den bereits von alli-
ierten Truppen besetzten Gebieten den Kampf weiterzu-
führen. Die Nazi-Partei und die Bevölkerung folgten diesem
Aufruf nur vereinzelt. Mindestens 60.000 Häftlinge kamen
in den sowjetischen „Spezial-Lagern" im Osten Deutschlands durch Unterernährung, Kälte, Seuchen und Misshand-
lung um. 1949 wurden die Lager aufgelöst, die Insassen ent-
weder freigelassen oder in die Sowjetunion deportiert bzw.
in der DDR weiter inhaftiert. Die Vorgänge in diesen Lagern

wurden später von der SED-Führung totgeschwiegen. Erst zur Wende 1990 wurden zahlreiche Massengräber mit Opfern dieser Lager, meist in unmittelbarer Nähe der von der DDR-Führung errichteten Gedenkstätten für die an selber Stelle befindlichen ehemaligen Nazi-KZ, entdeckt, zum Beispiel in Oranienburg-Sachsenhausen und Weimar-Buchenwald.

Noack: „Nach meiner Entlassung 1948 war für mich klar: Ich trete in der DDR keiner Partei, keiner staatlichen Massenorganisation mehr bei. Im Beruf ging es dann trotzdem recht schnell bergauf. Ich kam nach meiner Entlassung in die Buchhaltung im Glaswerk Döbern, ein Betrieb mit damals etwa 1300 Mitarbeitern, und war ab 1954 Hauptbuchhalter. Häufiger wurde ich bedrängt, doch in die SED einzutreten, aber ich lehnte immer rigoros ab. Die wussten also von meiner Reserviertheit dem Staat gegenüber. Trotzdem kam 1955 die Staatssicherheit auf mich zu." Bei der DDR-Staatssicherheit wurde Kurt Noack zu dieser Zeit wie folgt eingeschätzt: „*Noack ist parteilos. Sein Auftreten und Verhalten erscheint progressiv. Er ist jedoch nicht von echter innerer Überzeugung getragen, sondern seiner beruflichen Stellung und Funktion angepasst. Er bezeichnet sich gern als parteilosen Kommunisten und als einzigen Genossen innerhalb der staatlichen Leitung des Betriebes. Aufgrund seiner überspitzten „Gesetzesliebe" und des völligen Ausklammerns politischer Aspekte bei bestimmten Entscheidungen wurde er von bewährten Genossen des Betriebes und darüberhinaus wiederholt als „positiver Feind" eingeschätzt. Festzustellen ist in diesem Zusammenhang, dass Noack durch sein überkorrektes Auftreten und unbedingtes Ausrichten auf den Gewinn des Betriebes, ohne dem Wie Beachtung zu schenken, oft Unruhe unter den Werktätigen verursachte."*

Der erste Kontakt

Noack: „Es war am 25. Januar 1955. Ich wurde in das Büro meines Kollegen, des damaligen Kaufmännischen Leiters, bestellt. Später habe ich erfahren, dass dieser Kollege damals auch schon bei der Stasi mitmachte. Der Kollege ging dann raus und ich saß einem ganz symphatischen jungen Mann gegenüber, blond, etwa mein Alter, mit Krawatte. Ich hatte ihn vorher nie gesehen. Er kam ohne Umschweife auf das Thema: Die DDR wäre ja von Feinden umgeben und wie ich denn den und den aus dem Betrieb so einschätzte und ob ich solche Informationen nicht häufiger weitergeben könnte. Ich war darauf nicht vorbereitet und fragte, wie er sich dass denn vorstelle. Er erklärte mir dann etwas von einem Decknamen und von einer Wohnung, in der man sich zum Gespräch treffen könnte. Aber ich habe erklärt, dass ich dafür nicht in Frage käme und so etwas als Spitzeldienst ansehen müsste. Ich erklärte ihm weiterhin, dass ich nicht verantwortlich sein wolle, falls durch solche Informationen jemand inhaftiert würde, weil ich ja selbst früher im Lager war. Ich wäre auch auf gar keinen Fall bereit, mich in irgendeiner verschwiegenen Wohnung mit ihm zu treffen. Wenn überhaupt, dann würde ich ihm überhaupt nur Auskunft über die wirtschaftliche Situation des Betriebes geben, auch dies nur nach Rücksprache mit meinen Chefs. Aber ganz bestimmt würde ich keine Auskünfte über Personen im Betrieb geben. Und wenn ich mich schon mit ihm treffen müsste, dann ausschließlich in meinem Büro." Trotz seiner schroffen und deutlichen Ablehnung zur Mitarbeit wurde Kurt Noack danach beim MfS noch zwei Jahre lang als Geheimer Informator „GI" geführt (die damals übliche Bezeichnung für

Informanten des MfS. 1968 wurde diese Bezeichnung dann per Dienstanweisung des Ministers für Staatssicherheit, Erich Mielke, geändert in „Inoffizielle Mitarbeiter", abgekürzt IM).

Ich lehnte ab, trotzdem führte mich die Stasi als Spitzel

Der zuständige Mitarbeiter der MfS-Kreisddienststelle Forst, Feldwebel K., notierte im Januar 1955 als Grund für die geplante Anwerbung: Noack könne... *"aufgrund seiner Tätigkeit als Hauptbuchhalter gute Berichte über den Arbeitsablauf innerhalb der Verwaltung des VEB Hohlglas geben. Noack befand sich von 1945 bis 1948 im Internierungslager und hat dort viele Personen kennengelernt. Noack hat die Möglichkeit, mit diesen Personen wieder engeren Kontakt aufzunehmen und uns über diese Personen zu berichten."*

Dass Kurt Noack eine solche Spitzel-Tätigkeit ablehnen würde, hatte der junge Stasi-Feldwebel K. offenbar gar nicht erst in Erwägung gezogen. Trotz der klaren Ablehnung im ersten Gespräch führte er Kurt Noack seitdem als Geheimen Informator (GI) der Kreisdienststelle Forst. Er ging sogar soweit, für seine Vorgesetzten einen Bericht über die angeblich erfolgreich durchgeführte Anwerbung von Noack zu schreiben:

„Der Kandidat wurde am 25. Januar 1955 in das Zimmer des Genossen K. bestellt. Im Zimmer war keine dritte Person anwesend. Der Kandidat betonte besonders, dass er als Hauptbuchhalter für die Rentabilität des Betriebes mitverantwortlich ist. Auf unsere Frage, ob er sich bereit erklären würde, uns in Zukunft über auftretende Misstände innerhalb des Betriebes, insbesondere in der Verwaltung, zu informieren,

erklärte er sich sofort dazu bereit und schrieb selbst seine Verpflichtung, wobei er sich den Decknamen „Natur" auch selbst wählte. Er wurde von uns darauf aufmerksam gemacht, dass er über diese Zusammenkunft mit keinem Menschen zu sprechen hat, auch nicht zu seinen nächsten Angehörigen und dass er uns ebenfalls nicht grüßen soll, was auch seiner eigenen Sicherheit dient."

Feldwebel K. fügte diesem Erfolgsbericht sogar eine handschriftliche und angeblich von Noack unterzeichnete „Schweigeverpflichtung" bei, in der er sich nicht nur zum Schweigen, sondern auch zur MfS-Mitarbeit unter dem Decknamen

– 4 –

5.) Grund der Anwerbung.

Durch Hinweise über ███████████, welche die Dienststelle erhalten hat, macht es sich erforderlich, innerhalb der Verwaltung einen geeigneten GI anzuwerben, der mit ███████████████████ eng zusammen arbeitet.

Weiterhin kann uns ...... *Noack* ...... aufgrund seiner Tätigkeit als Hauptbuchhalter gute Berichte über den Arbeitsablauf innerhalb der Verwaltung des VEB Hohlglas geben.

...... *Noack* ...... befand ▾e sich von 1945 – 1948 im Internierungslager und hat dort viele Personen kennengelernt. █████████████████████████

...... *Noack* ...... hat die Möglichkeit, mit diesen Personen wieder engeren Kontakt aufzunehmen und uns über diese Personen zuberichten.

Aus diesen aufgeführten Gründen bitten wir um Bestätigung als GI.

bestätigt:
Forst, d. *19.1. 55*

...... *Juckel* ......
(Juckel)
Oberleutnant
Leiter der Kreisdienststelle

...... *Klaue* ......
(Klaue)
Feldwebel
Sachbearbeiter

„Natur" verpflichtete. Allerdings: Sowohl diese Verpflichtungs-Erklärung, als auch Noacks Unterschrift wurden von dem jungen Feldwebel K. gefälscht, um seine eigenen Vorgesetzten zu täuschen und ihnen eine erfolgreiche Anwerbung vorzugaukeln. Auch solche Fälle sind in den MfS-Akten, die heute offen stehen, immer wieder zu finden: MfS-Mitarbeiter, die unter Erfolgsdruck oder im Übereifer Sachverhalte bewußt falsch wiedergaben, um ihre Vorgesetzten zu täuschen. Ein logischer Vorgang: Die Akten dienten innerhalb des MfS ja nicht vorrangig als „Gedächtnisstütze" der zuständigen Führungsoffiziere, sondern vor allen Dingen dazu, ihren Vorgesetzten eine Kontrolle zu ermöglichen. Unter diesem Gesichtspunkt sollten sie auch immer gelesen werden. Im Fall Kurt Noack lassen sich diese Manipulationen, wie in den meisten anderen Fällen, anhand der Akten klar belegen.

Kurt Noack: „Ich habe nie etwas unterschrieben. Das ganze Papier ist eine Fälschung. Ich wäre nie bereit gewesen, für diese Leute als Spitzel zu arbeiten. Die haben sich nicht einmal die Mühe gemacht, meine Unterschrift nachzuahmen. Jeder sieht gleich, dass das gar nicht meine Schrift ist." Auch den Vorgesetzten von Feldwebel K. in der Kreisdienststelle Forst der Staatssicherheit fiel sehr schnell auf, dass mit dieser angeblich erfolgreichen Anwerbung etwas nicht stimmen könne: Der Vorgang wurde ihm entzogen, Kollegen von ihm wurden aktiv. Im Oktober 1955 notierte ein Oberfeldwebel F. über Noack, den angeblichen „GI-Natur":

„In der bisherigen Zusammenarbeit mit diesem GI muss gesagt werden, dass er nicht sehr positiv zu unserer Zusammenarbeit steht. Bei der Anwerbung wurde mit ihm in

Kreisdienststelle Forst   Forst, d. 14.10.55
                       Fi./Rie.

Betr.: Kurze Einschätzung des Informators N a t u r.
                       Reg.Nr. 133/55

Der GI N a t u r wurde am 25.1.55 von der Kreisdienststelle
Forst als ehemaliger Internierter und als jetziger Hauptbuchhalter des Glaswerkes Döbern angeworben.
In der bisherigen Zusammenarbeit mit diesem GI muß
gesagt werden, daß er nicht sehr positiv zu unserer Zusammenarbeit steht. Bei der Anwerbung wurde mit ihm in der Form
gesprochen, daß er uns Dinge über den Betrieb berichtet
und zwar über Dinge, die in seinen Arbeitsablauf fallen.
Bei den durchgeführten Treffs ist zuverzeichnen, daß er
nur über betriebliche Dinge spricht und befragt man ihn
z.B. über Stimmungen zum politischen Geschehen, so bringt
er diese nur allgemeiner Frage zum Ausdruck.
Wird ergefragt nach Personen und was diese geäußert haben,
so lehnt er es rundweg ab und spricht davon, daß er sich
niemals verpflichtet hat, über einzelne Personen zuberichten,
sondern nur über betriebliche Dinge.
Bei allen bisher durchgeführten Treffs wurde immer wieder
aufklärend mit dem GI gesprochen, jedoch konnte er noch
nicht von der Wichtigkeit unserer Zusammenarbeit überzeugt
werden.
Mit diesem GI muß in der weiteren Zeit eine wesentliche
Aufklärungsarbeit geführt werden, um ihn zu einem guten
inoffiziellen Mitarbeiter zuentwickeln.

                          (Finke)
                         Oberfeldwebel
                         Sachbearbeiter

---

*der Form gesprochen, dass er uns Dinge über den Betrieb
berichtet, und zwar über Dinge, die in seinen Arbeitsablauf
fallen. Bei den durchgeführten Treffs ist zu verzeichnen,
dass er nur über betriebliche Dinge spricht und befragt man
ihn z.B. über Stimmungen zum politischen Geschehen, so
bringt er diese nur allgemein zum Ausdruck. Wird er gefragt
nach Personen und was diese geäußert haben, so lehnt er
es rundweg ab und spricht davon, dass er sich niemals verpflichtet hat, über einzelne Personen zu berichten, sondern
nur über betriebliche Dinge. Bei allen bisher durchgeführten Treffs wurde immer wieder aufklärend mit dem GI ge-*

sprochen, jedoch konnte er noch nicht von der Wichtigkeit unserer Zusammenarbeit überzeugt werden. Mit diesem GI muss in der weiteren Zeit eine wesentliche Aufklärungsarbeit geführt werden, um ihn zu einem guten inoffiziellen Mitarbeiter zu entwickeln."

Auch bei weiteren Besuchen der Staatssicherheit in seinem Büro blieb Noack hart, gab keine Informationen über Kollegen oder Freunde weiter. Inzwischen holte sich der Leiter der Kreisdienststelle Forst, Leutnant P., den Vorgang selbst auf den Schreibtisch. Am 20. Dezember 1956 ließ er sich zu dem GI „Natur", Registriernummer 133/55, folgende Einschätzung liefern:

„Der GI wurde am 25.1.1955 als ehemaliger Internierter angeworben. Die Anwerbung erfolgte auf Grund falscher Versprechungen, wobei dem GI mitgeteilt wurde, dass er nur über sein unmittelbares Arbeitsgebiet berichten sollte, und nur berichten solle, was er selbst wolle. Es wurde ihm dabei weiter zugesagt, dass er namentliche Angaben über Personen nicht zu machen brauche. Aufgrund dessen hat der GI dann in der nächsten Zeit nur über Dinge berichtet, welche man von jedem Funktionär innerhalb des Betriebes offiziell erfahren konnte. Zu den Treffs ist er nur erschienen, wenn er Lust hatte. Bei mehrmaligen Aussprachen mit dem GI wurde ihm immer wieder klar aufgezeigt, in welcher Form die Zusammenarbeit vonstatten gehen müsste. (Er sagte aber...) dass er sich an das von ihm gegebene Versprechen halte und dass er sich weiterhin streng weigern wird, Personen namhaft zu machen. Er erklärte weiter, dass er aufgrund seiner Funktion in der Lage ist, viel mit Produktionsarbeitern zusammen zu kommen und viel über die Stimmung zu berichten. Da er aber selbst einmal interniert

Kreisdienststelle Forst   Forst, den 20.12.1956

          E i n s c h ä t z u n g !

über den GI Natur, Reg.Nr. 133 / 55

Der GI wurde am 25.1.1955 als ehemaliger Internierter angeworben.
Die Anwerbung selbst erfolgte auf Grund falscher Versprechungen,
wobei dem GI mitgeteilt wurde,daß er nur über sein unmittelbares
Arbeitsgebiet berichten sollte, und nur berichten solle, was er
selbst wolle. Es wurde ihm dabei weiter zugesagt, daß er namentliche Angaben über Personen nicht zu machen brauche. Auf Grund
dessen hat der GI dann in dernächsten Zeit nur über Dinge berichtet, welche man von jedem Funktionär innerhalb des Betriebes offi-
ziel erfahren konnte. Zu den Treffs ist er nur erschienen, wenn
er Lust hatte. Bei mehrmaligen Aussprachen mit den GI,wurde ihm
immer wieder klar aufgezeigt wurde, in welcher Form die Zusammenarbeit vonstatten gehen müßte, und warum dies so ist, sagte er,
daß er sich an das ihm gegebene Versprechnnhale, und daß er sich
weiterhin streng weigern wird, Personen namhaft zu machen, er erklärte weiter, daß er auf Grund seiner Funktion in der Lage ist,
viel mit Produktionsarbeitern zusammenzukommen, und viel über die
Stimmung zu berichten. Da er aber selbst einmal interniert war,will
er es vermeiden, daß auf Grund seiner Angaben, Personen,welche einmal falsch diskutieren, ebenfalls eingesperrt würden. Von dieser
Meinung war er trotz mehrmaligen Ansprechens nicht abzubringen,da
der GI selbst nur eine Belastung bedeutet, wird vorgeschlagen,die
Verbindung mit ihm völlig abzubrechen.

Gesehen:
Leiter der Kreisdienststelle   Sachbearbeiter

          P e t r i c k   W e i d l
          Leutnant   Unterleutnant

war, will er es vermeiden, dass aufgrund seiner Angaben Personen, welche einmal falsch diskutieren, ebenfalls einge-sperrt würden. Von dieser Meinung war er trotz mehrmali-gen Ansprechens nicht abzubringen. Da der GI selbst nur eine Belastung bedeutet, wird vorgeschlagen, die Verbin-dung mit ihm völlig abzubrechen."

Diesem Vorschlag kam Leutnant P., der Leiter der MfS-Kreis-dienststelle in Forst, dann am 6. Mai 1957 nach. Er wies an, die Verbindungen zu Noack abzubrechen. Begründung: Noack lehne *„grundsätzlich die Konspiration ab und ist nur bereit, die Treffs in seinen Arbeitsräumen durchzuführen, da er der Meinung sei, dass er die Dinge, die er uns mitteilt sowieso mit dem (Name geschwärzt) abspricht, da sie ökonomischer Natur sind, wie Materialschwierigkeiten oder ähnliche Dinge und demnach nicht geheim behandelt zu werden brauchen. Eine andere Art der Arbeit bezeichnet er als Spitzeldienste, welche er grundsätzlich ablehnt. (...) Andererseits hat der GI eine negative Einstellung zur Partei und zur Aktionseinheit der Arbeiterklasse."*

Ich befürchte das, hoffe aber dennoch, daß wir Glück haben werden.
Wir können uns nur ein ungefähres Bild machen von der Entwicklung
bei Euch. Unsere Zeitungen drucken nicht viel darüber.
Was wir wissen, hören wir hauptsächlich aus westdeutschen Meldungen
oder aus Berichten von Leuten, die die CSSR besucht haben....

Abs.: Kurt Noack, 7571 Gr.-Kölzig N/L   16. April 1969   23
Empf.: Karel Navratil, Praha 2, Belehradska 28

Auszug: ...Nur eine Sorge haben wir. Wenn ihr weiter demokratisiert,
wird unsere Regierung bald für nötig halten, den ~~Touristenverkehr~~
nach der CSSR zu unterbinden.

Der Buchhalter als Zielobjekt

Diese Einschätzung machte Noack nun plötzlich zum Feind-
Objekt des MfS. Mit schlimmen Folgen: Er verlor seine
Arbeit als Hauptbuchhalter im Glaswerk Döbern. Er wurde
versetzt in ein kleineres, weiter entferntes Werk, musste seitdem jeden Tag 40 Kilometer zur Arbeit fahren Auch sonst
wurde er in der Folge „ausgebremst", wo es nur ging. Ein
Aufbau-Studium für Finanzökonomie wurde dem damals 27-
Jährigen verweigert mit dem Hinweis auf *„fehlende aktive
gesellschaftliche Arbeit für die Politik unseres Arbeiter- und
Bauernstaates."* Aufgrund seiner fachlichen Leistung und
über Umwege kam er 1964 trotzdem in die Leitung des VEB
zurück. Und von 1964 bis 1969, also mit Mitte Dreißig, durf-

Kreisdienststelle Forst

Forst, d. 17.5.57
Le./Mü.

Betr.: Abbruch der Verbindung mit dem GI "N a t u r"

Reg.Nr. 133/55

Nach der Übernahme des GI "N a t u r" vom Utln. S c h n e i d e r
konnte ich feststellen, daß mit dem GI ▨▨▨▨▨▨▨▨▨▨▨▨▨▨g
bestand. Die letzte Aussprache seitens eines Sachbearbeiters der
KD Forst wurde lt. Aktenvermerk am ▨▨▨▨▨▨ geführt.
In der Zeit von der Anwerbung, d. 25.1.55 bis zum 16.5.55
dem Abbruch der Verbindung hat der GI zwei Berichte gegeben,
welche nur informatorischen Charakter haben.
Der GI N a t u r wurde am 5.5.57 von dem KD - Leiter, Gen. Petriok
und mir aufgesucht, um eine offizielle Verbindung herzustellen
und die Arbeit mit ihm wiederaufzunehmen.
Bei der Aussprache stellte sich heraus, daß der GI unter falschen
Voraussetzungen für uns geworben wurde.
Man hatte ihm damals zugebilligt, er brauche in seiner Tätigkeit als GI keine Personen zubearbeiten, bzw. irgendwelche
Namen zu nennen. Der GI brachte auch dieses wieder in dieser
Aussprache zum Ausdruck, daß er sich, wenn er etwas macht,
lediglich sich auf ökonomische Probleme beschränkt, die er noch
vorher mit der Betriebsleitung abspricht.
Er lehnt auch jegliche konspirative Arbeit ab, indem er nicht ge-
willt ist, eine KW aufzusuchen, sondern besteht darauf, daß dies
in seinem Arbeitszimmer gemacht werden kann.

Da es sich in der Aussprache gezeigt hat, daß der GI keinerlei
Interesse für die Arbeit des MfS aufbringt, indem er Aufträge,
die einen tieferen Charakter tragen, von vornherein ablehnt und
andererseits keine positive Einstellung zur Partei und dem Arbeiter-
und Bauernstaat zeigt, nicht mehr mit dem MfS arbeitet und daher
die Verbindung abgebrochen wird.

....
(Lehmann)
Sachbearbeiter

Lfd. Nr.	Name, Vorname	Abteilung / Kreisdienststelle	Genehmigung zur Einsicht erteilt durch:	Datum der Einsicht- nahme	Unterschrift des Mitarbeiters
1.	Kluue, Werner	Forst	KD-Leiter	19.3.53	Kluue
2.	Andgau, Günter	"		30.3.55	Andgau
3.	Imke, Gerhard	"	"	▨▨▨▨	Imke
4.	Weidl, Günter		"		Weidl
5.	Lehmann, Sbt.		"	4.5.57	Lehmann

MINISTERIUM FÜR STAATSSICHERHEIT
BEZIRKSVERWALTUNG COTTBUS
KD F O R S T

Forst, d. 6.5.57
Pe./Mü.

Betr.: Stellungnahme zum Abbrechen der Verbindung zum
GI " N a t u r ".

Bei der Übergabe der GI - Unterlagen vom Utln. S c h n e i d e r
an den Genossen L e h m a n n wurde festgestellt, daß mit dem
GI N a t u r keine Verbindung besteht.
Nach dem Studium der GI - Akten konnte festgestellt
werden, daß er sehr unregelmäßig zum Treff kam.
Die geführten Aussprachen mit dem Genossen, die mit dem
GI N a t u r bereits arbeiteten, ergab, daß der GI kein
Interesse an einer Zusammenarbeit hat und es ablehnt, über
Personen zuberichten.

Aufgrunddessen wurde am 6.5.1957 durch den Gen. L e h m a n n
und mir eine Aussprache mit dem GI in Bezug auf eine weitere
Zusammenarbeit geführt.
Während der Aussprache konnte festgestellt werden:

1.) Der GI wurde unter falschen Voraussetzungen geworben,
    da er es von vornherein ablehnte, über Personen zuberichten,
    da er mit der Arbeitsweise des MfS nicht einverstanden
    ist und Personen, die negativ diskutierten, in Haft nahm.
    Zum anderen würde er sich belastet fühlen, falls auf seinen
    Hinweis Personen verhaftet werden.

2.) Lehnt er grundsätzlich die Konspiration ab und ist nur
    bereit, die Treffs in seinen Arbeitsräumen durchzuführen,
    da er der Meinung sei, daß er die Dinge, die er uns mitteilt
    sowieso mit dem ▆▆▆▆▆▆ abspricht, da sie ökonomischer
    Natur sind, wie Materialschwierigkeiten oder ähnliche
    Dinge und demnach nicht gehim behandelt werden brauchen.
    Eine Art der Arbeit bezeichnet er als Spitzeldienste,
    welche er grundsätzlich ablehnt.

Zusammenfassend kann zum GI N a t u r gesagt werden, daß er
an einer Zusammenarbeit mit dem MfS nicht interessiert ist,
Aufträge über Personen ablehnt und mit ihm keine erfolgreiche
Arbeit erreicht werden kann. Andererseits hat der GI eine nega-
tive Einstellung zur Partei und zur Aktionseinheit der
Arbeiterklasse.
Anhand der Einschätzung befürworte ich das Abbrechen der
Verbindung.

Leiter der Kreisdienststelle
.......Petrick......
(Petrick)
Leutnant

Da die Kreisdienststelle Forst im VEB Hohlglas noch keinen
GI besitzt, macht es sich unbedingt erforderlich, hier eine
geeignete Person ausfindig zu machen, die in der Lage ist,
uns informatorische Hinweise aus der Verwaltung zu geben.
Bei der Suche nach einer Person stiessen wir auf
.... *N o a c k , K u r t* ....

Man hatte ihm damals zugebilligt, er brauche in seiner Tätigkeit als GI keine Personen zubearbeiten, bzw. irgendwelche
Namen zu nennen. Der GI brachte auch dieses wieder in dieser
Aussprache zum Ausdruck, daß er sich, wenn er etwas macht,
lediglich sich auf ökonomische Probleme beschränkt, die er noch
vorher mit der Betriebsleitung abspricht.
Er lehnt auch jeglich konspirative Arbeit ab, indem er nicht ge-
willt ist, eine KW aufzusuchen, sondern besteht darauf, daß dies
in seinem Arbeitszimmer gemacht werden kann.
Da es sich in der Aussprache gezeigt hat, daß der GI keinerlei
Interesse für die Arbeit des MfS aufbringt, indem er Aufträge,
die einen tieferen Charakter tragen, von vornherein ablehnt und
andererseits keine positive Einstellung zur Partei und dem Arbeiter-
und Bauernstaat zeigt, nicht mehr mit dem MfS arbeitet und daher
die Verbindung abgebrochen wird.

1.) Der GI wurde unter falschen Voraussetzungen geworben,
    da er es von vornherein ablehnte, über Personen zuberichten,
    da er mit der Arbeitsweise des MfS nicht einverstanden
    ist und Personen, die negativ diskutierten, in Haft nahm.
    Zum anderen würde er sich belastet fühlen, falls auf seinen
    Hinweis Personen verhaftet werden.

2.) Lehnt er grundsätzlich die Konspiration ab und ist nur
    bereit, die Treffs in seinen Arbeitsräumen durchzuführen,
    da er der Meinung sei, daß er die Dinge, die er uns mitteilt,
    sowieso mit dem ████████████ abspricht, da sie ökonomischer
    Natur sind, wie Materialschwierigkeiten oder ähnliche
    Dinge und demnach nicht geheim behandelt werden brauchen.
    Eine Art der Arbeit bezeichnet er als Spitzeldienste,
    welche er grundsätzlich ablehnt.

weiterhin streng weigern wird, Personen namhaft zu machen, er erklärte weiter, daß er auf Grund seiner Funktion in der Lage ist,
viel mit Produktionsarbeitern zusammenzukommen, und viel über die
Stimmung zu berichten. Da er aber selbst einmal interniert war,will
er es vermeiden, daß auf Grund seiner Angaben, Personen,welche einmal falsch diskutieren, ebenfalls eingesperrt würden. Von dieser
Meinung war er trotz mehrmaligen Ansprechens nicht abzubringen,da
der GI selbst nur eine Belastung bedeutet, wird vorgeschlagen,die
Verbindung mit ihm völlig abzubrechen.

Gesehen:
Leiter der Kreisdienststelle   Sachbearbeiter

        P e t r i c k   W e i d l
        Leutnant   Unterleutnant

Form 27

Forst , den 17.2. BStU 195.7

000028

BStU Kopie

Beschluß
über das Abbrechen der Verbindung

" N a t u r "
(Deckname)

N o a c k ,   Kurt   3.2.1930 in Gr. Kölzig
(Name)   (Vorname)   (Geburtstag und -ort)

Registriernummer: 133/55

wird aus nachstehenden Gründen die Verbindung abgebrochen.

1955 unter falschen Voraussetzungen als GI geworben worden.
(Kurze Angabe der Gründe für das Abbrechen der Verbindung)

Eine geführte Aussprache mit ihm hat ergeben, daß er es
ablehnt, inoffiziell mit uns zusammenzuarbeiten, und ablehnt,
über Personen jeglicher Art zuberichten, sondern sich nur auf
ökonomische Probleme beschränkt.

Da der GI aus diesen angeführten Gründen keinen operativen
Wert mehr für die KD besitzt, wird die Verbindung mit ihm
abgebrochen.

Die Personalakte und der Arbeitsvorgang wird der Abteilung XII

der Verwaltung/Bezirksverwaltung   C o t t b u s   zur Ablage übergeben.

Der Mitarbeiter der Abteilung/Kreisdienststelle ....

(Unterschrift)

Der Leiter der Abteilung/Kreisdienststelle ....

(Unterschrift)

Ablehnung   Bestätigt: ....

(Unterschrift)

Abschrift

Kreisdienststelle Forst   Forst, den 19. 10. 78

Bericht zur Person Noack, Kurt, Groß Kölzig
mündl. IMS "Luchswald"

Noack soll ab 01. 11. 78 im Glaswerk Döbern als Hauptbuchhalter
die Tätigkeit aufnehmen. Er wird als fachlich gut eingeschätzt.
In der praktischen Arbeit ist er aber sehr einseitig orientiert.
Noack ist intelligent. Noack liebt es, ironische Gespräche zu
führen. Er sagt bzw. hat stets von allen eine positive Meinung.
Das Gesagte hat oft einen ironischen Unterton, welchen man bei
genauem Hinhören heraushört.
Noack soll mehrfach Frauengeschichten gehabt haben.

                         gez. Luchswald

Information zu NOACK, Kurt Hauptbuchhalter Glaswerk

Noack spielt unter der Maske des Hauptbuchhalters im VEB Glaswerk Döbern eine schwer durchschaubare Rolle, wo er auch Schaden anrichten
könnte. Zu Prämierungsproblemen von Werktätigen zeigt er sich sehr
komisch. Großspurig äußert er, daß die Werktätigen bewußtseinsmäßig
schon soweit sein müßten um einiges bes zu begreifen, dies sei
im Glaswerk nicht der Fall. Auf die Frage was er dazu beigetragen habe,
läßt er den Kopf hängen . Noack macht Probleme , die eigentlich keine
sind, beschäftigt die Leitung uns spielt denen Theater vor.
Ich persönlich kenne N. schon seit 20 Jahren, bisher hatte er hier
etwas für unseren Staat übrig, er weiß aber wie weit er gehen kann.
So gab es im Betrieb z.B. Vorstellungen den Bierverbrauch etappen-
weise einzustellen. Nach 1,5 Jahren hätten wir das Bier aus dem Betrieb
völlig raus. Dazu vertrat N. die Auffassung, weshalb man dies schrittweise tun wolle, kategorisch müßte es ab sofort verboten werden. Es
müßte schlagartig erfolgen.
Man muß aber in Betracht ziehen, wie unsere Werktätigen veranlagt
sind und wie sie in einem solchen Falle reagieren würden, eventuell
mit einer Arbeitsniederlegung, Erfahrungswerte liegen vor.
Deshalb ist die Haltung von N. herausgegriffen nur zu diesem Problem
anders zu werten. Vielleicht will er sich noch eine Stimmung im Betrieb
hervorrufen ?

                         H. Irmscher

te er auch noch studieren und erlangte später seine alte Position als Hauptbuchhalter in Döbern wieder. Zahlreiche Aufforderungen, der SED beizutreten, lehnte er aber weiterhin strikt ab und war damit einer der wenigen in dieser Position, die parteilos blieben. Außerdem blieb er stets im Visier der Stasi. Heute weiß Kurt Noack, dass über die Jahrzehnte insgesamt rund 30 inoffizielle und hauptamtliche Mitarbeiter auf ihn angesetzt waren. Nicht nur seine Post wurde lückenlos kontrolliert. Zum Beispiel die Korrespondenz mit einem Bekannten aus der Tschechoslowakei, in der Noack 1968 den „Prager Fühling" befürwortete. Argwöhnisch beäugte das MfS auch Noacks Freundeskreis. In den 70-er Jahren organisierte er Treffen mit ehemaligen Leidensgenossen, die mit ihm als Jugendliche in den sowjetischen Lagern interniert waren. Bei der Staatssicherheit galt dies noch immer als Verbindung zur NS-Organisation „Werwolf". Zwei der Lager-Kameraden lebten inzwischen gar in der BRD. Trotzdem - 1974 traf man sich, in der Friedrichstraße im Osten Berlins. Am Tisch saß auch ein auf Noack angesetzter IM der Staatssicherheit. Über Jahrzehnte, bis 1985, wurde er observiert, seine Freunde und Nachbarn wurden über ihn ausgefragt. Alle Einzelheiten konnte Noack nach der Wende in den Operativen Vorgängen „Treffen" und „Bergmann" der MfS-Bezirksverwaltung Cottbus nachlesen, die er 1994 zur Einsicht von der Gauck-Behörde erhielt. Heute ist sich Kurt Noack sicher: „Was mich all die Jahre vor Schlimmerem bewahrte, war wohl nur die Tatsache, dass ich im Betrieb als besonders kompetentes Mitglied der Leitung galt."

Zusammenfassung des op. Materials "Wehrwolf"

Durch die M wurde im April des Jahres 1974 bekannt, daß
ein Treffen ehemaliger Wehrwolfangehöriger stattfinden soll.
Den Anstoß zu diesem Treffen gab die ▆▆▆▆▆▆▆▆▆▆▆▆▆
▆▆▆▆▆▆ welcher auch den Brief an die DDR-Person Noack, Kurt
wh. Gr. Kölzig, Bergmannsweg 9 schrieb.
Die Initiatoren des Treffens von Seiten der DDR waren die
Personen Noack, Kurt und der IMS "Willi Zunk". Diese beiden
Personen benachrichtigten nachstehend aufgeführte Personen,
zwecks Telnahme an diesem Treffen, welches in Berlin stattfinden sollte.

Aus der BRD hatten sich die BRD-Personen ▆▆▆▆▆▆▆▆▆▆▆▆
▆▆▆▆▆▆▆▆▆ und ▆▆▆▆▆▆▆▆▆▆▆▆▆▆ meldet.
Das gepalnte Treffen ehemaliger ▆▆▆▆gehöriger des Wehrwolfs fand
am 21. 4. 1974 staat. An diesem Treffen nahmen alle angeführten
Personen, außer die DR-Person ▆▆▆▆▆▆ und ▆▆▆▆▆▆▆▆
teil. Die Personen trafen sich in Berlin am Bahnhof Friedrichstraße am Übergang nach Westberlin. Nach der Begrüßug der Personen aus der BRD, welche aus Westberlin kamen, begaben sich
alle Personen in das Lindencorso, um ein Frühstück einzunehmen.
Nach ca. 1½ Stunden wurde ein Stadtbummel vorgenommen. Gegen
13.00 Uhr kehrten alle beteiligten Personen in das "Lindencorso"
zurück, um zu Mittag zu essen. Dort hielten sich genannte Personen bis ca. 17.00 Uhr auf. Während dieser Zeit wurden unge-
zwungene Gespräche geführt. Dies bezieht sich auf Gespräche auf die
damalige gemeinsame Schulzeit bzw. auf die damalige Zugehörigkeit
zur HJ und der anschließenden Internierung. Es war festzustellen,
daß die BRD-Personen die Realitäten in der DDR anerkannten,
jedoch kam zum Ausdruck, daß sie in der BRD mehr Freiheit hätten
und auch der Lebensstandart höher sei.

Es konnte nicht festgestellt werden, daß gezielte Frage-
stellungen erfolgten, die eine Abschöpfung bedeuteten.
Während des Gaststättenbesuches verließen 4 Personen diese,
um zur Tiolette zu gehen. Diese 4 Personen blieben etwa 15
Minuten weg. Darunter befanden sich auch die Personen Noack,
███ und ███████████. Der IMS "Willi Zunk" ging ihnen
nach und stellte fest, daß sich beide Personen unmittelbar vor
dem Gastraum unterhielten. Das geführte Gespräch ist nicht bekannt.
Nach dem Ende des Treffens begleitete die Person Noack, Kurt
die Gäste aus der BRD allein zur GÜST. Er hat sich noch ca.
20-30 min. mit ihnen unterhalten, bis diese wieder nach WB gingen.
Noack selbst fuhr nicht mit den anderen Personen nach Döbern
zurück, sondern verblieb bei seinem Bruder in Berlin.

Schin im Jahre 1972 ist bekannt geworden, daß solch ein Treffen
statt gefunden hat, dieses Treffen ehemaliger Wahrwolfangehöriger
fand in Döbern in der Gaststätte "Lindengarten" statt. Der Ini-
tiator dieses Treffen war die BRD-Person ███████████
███████████████████. An diesem Treffen nahmen ebenfalls
die Personen Noack, Kurt, ███████████ das IMS "Willi
Zunk" und ███████ teil. Die genannten Personen sind damals
auch nach Ketschendorf gefahren. Dort war das Internierungslager,
als sie auf Grund ihrer Tätigkeit zum Wehrwolf von der Roten
Armee eingeliefert wurde.

Weiterhin ist durch die M im Jahre 1973 bekannt geworden, daß
ein Treffen ehemaliger Schulfreunde am 13.-14. Oktober statt
finden soll. Es muß eingeschätzt werden, daß die Vorbereitung
an diesem Treffen sehr umfangreich gewesen ist. Es war zu verzeichnen, daß der Anstoß zu diesem Treffen von BRD-Personen kam.
Auch hier war zu verzeichnen, daß die Person ███████████
███████████ die Initiatoren waren. Die Benachrichtigung
der einzelnen Personen erfolgte mittels Rundschreiben, wo alle
angeführten Personen angeschrieben wurden und aufgefordert
wurden, an diesem Treffen teilzunehmen. Dieses Treffen wurde
auch an den genannten Tagen durchgeführt.

Die Spätfolgen

1985 bahnten sich trotzdem neue Probleme an. Kurt Noack: „Ich wurde als Hauptbuchhalter im Glaswerk Döbern mit einigen Schweinereien konfrontiert, mit unsauberen Praktiken der Leitung. Geld verschwand in dunkle Kanäle, über das Vorschlagswesen des VEB wurde dem einen oder anderen unberechtigterweise Geld zugeschanzt. Hauptbuchhalter Noack monierte dies nicht nur, er verweigerte auch die nötigen Unterschriften. Noack heute: „Die darin verstrickten leitenden Mitarbeiter des Betriebes waren alle sogenannte verdiente Genossen. Ich hatte im Grunde keine Chance. Aber dann holte ich noch einmal zu einem letzten, verzweifelten Rundumschlag aus. Denn ich beschwerte mich im zuständigen Ministerium in Berlin. Und schaffte es tatsächlich, dass von dem dortigen Abteilungsleiter für Finanzen eine Betriebsprüfung veranlasst wurde." Die Sache wurde untersucht, Kurt Noack bekam recht, es wurden Verwarnungen ausgesprochen, aber seinen Job durfte der Hauptbuchhalter danach trotzdem nicht mehr behalten. Er wurde abgeschoben auf einen anderen Posten im Betrieb, ohne nennenswerte Befugnisse. Noack: „Man zahlte mir zwar mein volles Gehalt weiter, aber so genau wusste ich selbst nicht, für was ich dort eigentlich mein Geld bekam. Ich war kaltgestellt." 1990 wurde Kurt Noack, damals 60 Jahre alt, als einer der ersten im Betrieb in den Vorruhestand geschickt. Er ist heute Rentner, lebt noch immer in seinem Geburtshaus in Groß-Kölzig.

*

Dieter Veit (geboren 1942),
Kellner aus Leipzig

Ich sagte Nein und ging dafür ins Zuchthaus

Mein Name ist Dieter Veit. Ich wurde 1942 in Altenburg in Thüringen geboren. Nach der Schule habe ich dort die Facharbeiterprüfung als Kellner bestanden. Anschließend arbeitete ich ab 1962 an der Ostsee, auf der berühmten Seebrücke im Seebad Ahlbeck. 1964 bekam ich das Angebot, im neueröffneten Interhotel „Deutschland" in Leipzig anzufangen. Das war sehr verlockend, denn das gesamte gastromische Niveau war dort natürlich viel höher als ich es bisher kannte. Zweimal im Jahr Messe mit Gästen aus aller Welt, Banketts, Empfänge und ein internationales Warenangebot, wie es für DDR-Bürger völlig fremd war. Da ich das alles nicht kannte, hatte ich anfangs größere fachliche Probleme. Aber nach ein bis zwei Jahren hatte ich mich gut eingearbeitet. Hinzu kam, dass im Hotel und unter den Kollegen bekannt war, dass ich keinerlei Alkohol trinke und auch außerordentlich pünktlich und zuverlässig war. Man war mit meiner Arbeit zufrieden. Eines Tages bot man mir die Position eines Nachtkellners in der Hotelhalle an.

Mein Job im Interhotel „Deutschland"

Von Mitternacht bis 6 Uhr früh war ich nun im gastronomischen Bereich der einzige Kellner. Zu den Leipziger Messen im Frühjahr und im Herbst verkehrten dort hochkarätige Firmenvertreter, von West-Firmen wie Salamander, der Dortmunder Aktienbrauerei, Remy Martin, Shell oder Krupp. Dazu auch außerhalb der Messezeiten wichtige Leute aus der Politik, Minister, Funktionäre und Prominenz aus Funk und Fernsehen. Viele kannte ich durch meine Arbeit auch persönlich. Private Kontakte blieben da nicht aus. Zu den Messezeiten bestand Valutazwang. Auf den Tischen standen Tischreiter mit der Aufschrift „Reserviert für Gäste in frei konvertierbarer Währung". Dafür gab es aber eine qualitativ großartige und umfangreiche Auswahl an Speisen und Getränken. Der Job war sehr einträglich. Die dicken Trinkgelder in Valuta mussten wir zwar vollständig an das Hotel abliefern. Dafür bekamen wir dann aber bei Messeschluss „Valuta-Gutscheine", mit denen wir im Intershop einkaufen konnten. Bei mir waren das immer Beträge zwischen 300 und

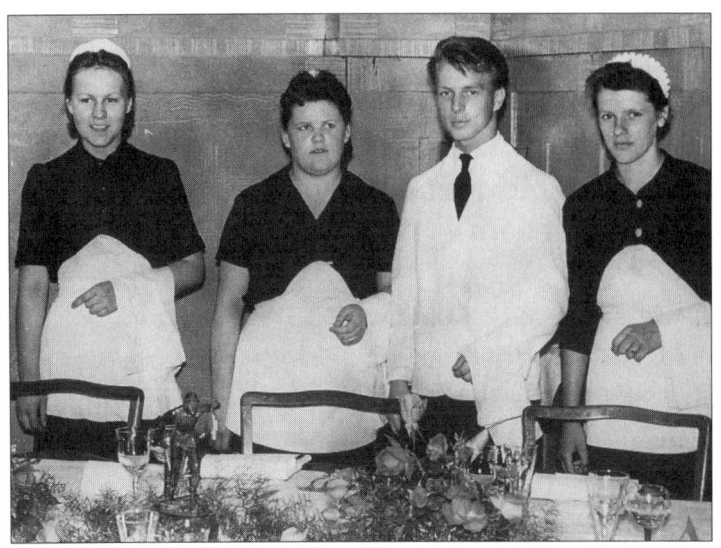

Dieter Veit mit Kolleginnen 1972 im Hotel „Deutschland" in Leipzig

800 West-Mark. Für einen DDR-Bürger damals ein kleines Vermögen. Trotzdem lebte ich ziemlich bescheiden. Obwohl ich schon seit August 1968 verheiratet war und zwei Kinder hatte, bekamen ich und meine Frau Christine keine gemeinsame Wohnung. Das war für DDR-Verhältnisse damals fast normal. Meine Frau lebte mit den Kindern bei ihrer Mutter und ich hatte ein Zimmer zur Untermiete in der Steinstraße. Die Stasi? Für mich gehörte sie im Interhotel zum Alltag. Überall waren diese unauffälligen Typen der Stasi präsent. Dass zum Beispiel die Prostituierten, die abends in der Hotelhalle und an der Bar auf Westkundschaft warteten, ganz bestimmt mit der Stasi ihr Abkommen hatten, das war bei uns ein offenes Geheimnis. Das Geschäft dieser Damen war nun mal in der DDR eigentlich strengstens verboten. So hat-

ten sie eigentlich nur die Wahl, wegen Prostitution und Devisenvergehen auf kurz oder lang vor Gericht zu landen, oder mit der Stasi gemeinsame Sache zu machen.

Ich fand es nicht für nötig, mich der SED anzubiedern

Im Dezember 1972 wurde ich überraschend zum Direktor gerufen. Dort wartete auf mich eine ganze Runde, der Chef, sein Stellvertreter, der Parteisekretär, zwei Herren von der Betriebsgewerkschaftsleitung. Sie eröffneten mir nach kurzer Begrüßung: „Herr Veit, sie haben bei uns die Grundschule besucht, die Berufsschule, sie durften bei uns ihren Facharbeiterbrief bestehen, sie arbeiten jetzt seit 8 Jahren im Interhotel und haben vor kurzem sogar noch ihre Prüfung zum Gaststättenleiter gemacht. Herr Veit, es wird Zeit, dass sie sich zu unserem Staat bekennen." Ich sollte in die SED eintreten. Als ich mich gefangen hatte, redete ich, wie ich eben bin, frei von der Leber weg: „Nein. Solange bei uns das Warenangebot so schlecht ist, solange ich erst als Rentner in den Westen reisen kann und solange an unserer Grenze geschossen wird, trete ich in keine Partei ein. Solange es hier keine Freiheit gibt, mache ich nicht mit." Da fragten sie: „Herr Veit, was ist denn für sie Freiheit?" Ich antwortete: „Freiheit ist für mich, wenn ich sagen kann, was ich denke und wenn ich dort hingehen kann, wohin ich will!" „Herr Veit, da sind sie völlig im Irrtum. Freiheit ist immer die Einsicht in die Notwendigkeit". Ich blieb bei meiner Ablehnung. Als ich das Büro verließ, hatte ich trotzdem das ungute Gefühl, zu ehrlich gewesen zu sein. Doch ich verließ mich darauf, dass ich fachlich gut und beanstandungslos arbeitete, auch meine Valutaabrechnungen stets korrekt waren. Ich fand, dass ich es nicht nötig hätte, mich diesen Leuten anzubiedern. Genausowenig fürchtete ich mich davor, die Gedichte, die ich seit dieser Zeit schrieb und die die DDR-Verhältnisse oft genug aufs Korn nahmen, auch bei Freundern und Kollegen vorzutragen. Und doch waren auch sie es, die mich ins Fadenkreuz der Staatssicherheit brachten.

Warum ich ins Fadenkreuz der Stasi geriet

Wie ich erst durch meine Gauck-Akten nach der Wende erfuhr, führte das MfS bereits seit 1970 einen Operativen Vorgang, Deckname „Spieler", gegen mich. Nicht weniger als 24 Spitzel, darunter sehr viele Kollegen, spionierten mich aus. Ziel all dieser Maßnahmen war es, mich wegen „staatsfeindlicher Hetze" ins Gefängnis zu bringen. Ein Spitzel-Bericht über mich von Mai 1971 zum Beispiel hält fest, dass ich einem Kollegen gesagt habe, dass ich lieber im KZ verrecken würde, als in die SED einzutreten. Es fanden heimliche Hausdurchsuchungen bei mir statt, während ich auf Arbeit war. Die Stasi legte eine Abhöranlage in mein Schlafzimmer. Eine Stasi-Nutte erhielt 1971 vom MfS West-Geld, nur um mit mir anzubändeln. Laut Gauck-Akte hatten die Stasi-Leute auch herausgefunden, dass ich 1967 einem Jugendfreund von mir aus Altenburg, Dieter, etwas Geld geliehen hatte, um seine Flucht in den Westen zu finanzieren. Dieter wurde zweimal geschnappt, und 1970 endlich von der BRD freigekauft. Wir standen seitdem noch brieflich im Kontakt, und er rief auch einige Male bei mir im Interhotel an. Im Sommer 1972 bekam ich einen sonderbaren Brief. Ein angeblicher westdeutscher Geschäftsmann namens Hilmar Hildebrandt teilte mir darin mit, er sei ein Freund von Dieter und wolle sich in seinem Auftrag dringend mit mir in der DDR treffen. Er bat mich, am 21. Juli 1972, nachmittags um 14 Uhr in das Hotel Erfurter Hof in Erfurt zu kommen. Mir war das ziemlich suspekt. So fuhr ich einfach nicht hin und vergaß die Sache.

Erfurt, den 11. 7. 1972

Lpz · AOP 188/74 Bd. 3

Werter Herr Veit!

Ihr Freund Dieter Märten, welcher ein guter Bekannter von mir ist, bat mich, bei einer meiner Geschäftsreisen mit Ihnen in Verbindung zu treten.

Ich halte mich am 21. 7. 1972 wieder in Erfurt auf. Da ich zeitmäßig bereits exakt disponiert habe, bitte ich Sie, es möglich zu machen, daß wir uns am 21. 7. 1972, 14.00 Uhr, im Hotel "Erfurter Hof" sprechen können. Ich will hoffen, daß ich Sie auf Grund der Beschreibung durch unseren gemeinsamen Freund Dieter erkenne. Ich bitte Sie, um alle Eventualitäten auszuschließen, an der Rezeption des Hotels "Erfurter Hof" zu hinterlassen, an welchem Tisch Sie Platz genommen haben.

Ich erspare mir weitere Erklärungen zu diesem vorgeschlagenen Gespräch, erlaube mir aber den Hinweis, daß es für das weitere Vorwärtskommen von Dieter von Bedeutung ist.

Zu meiner Person und zu der Bitte von Dieter an mich werden Sie sicher durch Dieter bereits Nachricht erhalten haben.

Bis zu unserem Zusammentreffen verbleibe ich mit besten Grüßen

Ihr

PS. Im Verhinderungsfall bitte Mitteilung an Hotel "Erfurter Hof" Rezeption - Herrn H. Hildebrandt

Bezirksverwaltung
für Staatssicherheit Leipzig
Abteilung VI

Leipzig, den 6. 7. 1971

– Abschr./Bo –

12. 5. 1971

B e r i c h t

Obwohl während des Frühstückes im Frühstücks-Restaurant ein
großer Gästestrom herrscht, kommen aber keine interessanten
Diskussionen zustande, weil es ständig ein dauerndes Kommen
und Gehen ist. Da ich derzeitig als Zahlkellner fungiere,
komme ich durch fortlaufendes Kassieren nicht mit den Gästen
in weiteren Kontakt, welcher auszubauen wäre.

Gestern früh bei der Ablösung äußerte sich der Kollege
V e i t , dem Kollegen ███████████████ und mir
gegenüber, daß er eher im KZ verrecken würde, als in die Partei einzutreten. Die Ursache dieser negativen Ausführungen
war, daß Koll. ███████ (Kellner) erzählte, daß er eine Urlaubsreise nach Ungarn beantragt habe, die ihm ohne Nennung von
Gründen abgelehnt wurde. Deshalb trete er auch nicht in die
DSF ein und lege keinen Wert darauf, Mitglied einer Brigade zu
weden, die um den Ehrentitel "Brigade der sozialistischen
Arbeit" kämpft (Frühstück/Halle).

gez. "Michael"

Veit hat Fähigkeiten, Voraussetzungen, Charaktereigenschaften
und Verbindungen, die für das MfS von politisch-operativem Interesse sind.

Maßnahmen:

– Die vorliegenden IM-Berichte vom 26.05., 30.05. und 06.06.1972
  sowie die Ergebnisse der IM der Abteilung –O– sind im Zusammenhang mit der bisherigen Bearbeitung des OV zu analysieren.

verantw.: Ltn. Brandenburger

– Die Bearbeitung des OV auf der Grundlage des § 100 StGB
  wird durch den IMS eingestellt.

– Der OV "Spieler" ist insbesondere zur Person Veit umfassend
  auszuwerten und dadurch Grundlagen für den Gewinnungsprozeß
  von Veit zu schaffen.

verantw.: Ltn. Brandenburger

– Genosse Ltn. Brandenburger erarbeitet einen Vorschlag zur
  konspirativen Kontaktaufnahme und Verpflichtung von Veit für
  den Zeitraum von zwei Tagen außerhalb von Leipzig.

Termin: 30.06.1972

Kontr.: Hptm.   P a t z e

BV für Staatssicherheit Leipzig   Leipzig, den 29. 3. 1971
Abteilung VIII

Bericht über durchgeführte konspirative Durchsuchung
im Vorgang "Spieler"

Am 20. 3. 1971 wurde laut Auftrag der Abteilung VI in der Zeit von
19.30 Uhr bis 01.00 Uhr das Zimmer des

...Veit,..Dieter...........
...8.12.1942. Altenburg.......
.703. Leipzig.. Steinstr. 57.....

konspirativ durchsucht.
Die Mitarbeiter betraten mit dem IM "Petra" gegen 19.30 Uhr das
Wohngrundstück. Kurz vor Betreten des Wohngrundstückes verließ
eine dem IM "Petra" bekannte männliche Person in Begleitung einer
älteren Frau das Wohngrundstück. Diese beiden Personen konnten die
Mitarbeiter und den IM nicht sehen, da sie sich in einen Hausein-
gang zurückgezogen hatten.
Beim Betreten der Wohnung wurden keinerlei weitere Personen bemerkt. Es machte den Eindruck, daß die Hauptmieterin nicht in ihrer Wohnung anwesend war. Während der gesamten Aktion war es in
der Wohnung völlig ruhig.

Die Wohnungstür wurde mit dem vorhandenen Schlüssel geschlossen.
In der Zimmertür des V. steckte von außen der Schlüssel.
Das Zimmer selbst befand sich in einem allgemein sauberen Zustand.
Wie aus den Fotos zu ersehen ist, stehen im Zimmer nur Möbel älte-
ren Typs.
Alle verschlüssenen Behältnisse konnten mit den in der Wohnung vor-
handenen Wohnungsschlüsseln bzw. mit den Nachschließwerken geöffnet
und wieder ordnungsgemäß verschlossen werden. Die Schlüssel für den
Schreibschrank, Kleiderschrank und die Wäschekommode lagen auf dem
Schreibschrank unter einer kunstgewerblichen Garnitur. (Flaschen-
halter in Form einer Kanone).
Bei der Durchsuchung konnten keinerlei Hinweise festgestellt werden, daß der V. Kontrollmittel in seinem Zimmer eingebaut hat.
Das vorhandene Tonbandgerät "Smaragd" und Rundfunkgerät "Variant
555" waren nicht angeschlossen. Beim Radio war die Taste UK gedrückt und der Skalenzeiger stand auf 100 MHz. Die unberührt vorhandene Staubschicht hinter dem Radio zeugt davon, daß längere Zeit
dahinter nicht sauber gemacht wurde.

Alle Behältnisse wurden, soweit es die Lage der einzelnen Gegenstände
erlaubte, durchsucht. Von allen gefundenen Materialien wie Briefe,
Fotos, Aufzeichnungen, Roulett usw. wurden fotografisch gesichert.
Außer den drei Geldstücken, welche in einer Tüte mit Salz steckten,
konnten keine weiteren Zahlungsmittel in größerer Anzahl gefunden
werden. In einer Zigarettenblechschachtel befanden sich verschiedene
Münzen. Es machte den Eindruck, daß diese Münzen für Sammlerzwecke
aufgehoben werden.

die Oberfüllung der Zimmertür ist mit einer geriffelten Glasscheibe
von ca. 45 x 50 cm versehen. Über der Tür befindet sich ein ca.
50 x 70 cm großes Oberlicht mit normalem Fensterglas. Ebenfalls
befindet sich in der Wand zwischen dem Bad und dem Zimmer des V.
ein Fenster von ca. 80 x 120 cm. Dieses Glas ist weiß gestrichen
und im Zimmer des V. mit einem engmaschigen Bastvorhang versehen.
Kontrollen ergaben, daß vom Bad aus keine Einsicht in das Zimmer
besteht.
Die Zimmerwände zum Bad und zur Toilette sind hellhörig. Unterhal-
tungen in normaler Lautstärke können im Bad sowie in der Toilette
gehört werden.
Von der Lage der einzelnen Zimmertüren der Wohnung sowie der Möbel
im Zimmer des V. wurden Skizzen bzw. Fotos angefertigt.
Die vorhandenen Kugelschreiber waren im wesentlichen westlicher
Herkunft. Von ihnen wurden Proben entnommen.
Von den Schlüsseln der Wohnung wurden Abdrücke gefertigt.
Unsererseits wird eingeschätzt, daß diese Durchsuchung ordnungsgemäß durchgeführt wurde und die Maßnahme zu keiner Dekonspiration
führt.

Anlage

140. x Fotokopien
4. x Negativstreifen
5. x Polaroid-Fotos
2. x Skizzen
3. x Schlüssel
1. x Blatt mit Kugelschreiberproben

140 Fotokopien
4 Negativstreifen

Leiter der Abteilung VIII   Referatsleiter

Illmer   Thomas
Major   Hauptmann

Bezirksverwaltung
für Staatssicherheit Leipzig
Abteilung VI

Leipzig, den 17. 6. 1971
VI/SRT/2
Br/Bo

2. O p e r a t i v p l a n

zum VAO "Spieler" - Reg.-Nr.: XIII 1063/70 für den
Bearbeitungszeitraum vom 17.6. - 1.10. 1971

Spieler - Veit

Zur Gewährleistung der offensiven Bearbeitung, der im VAO "Spieler"
nach § 100 StGB verdächtigten Person, machen sich auf der Grundlage der Analysierung der bisherigen Bearbeitungsergebnisse die
nachfolgenden Maßnahmen notwendig.

<u>Zielstellung:</u>

In der zweiten Bearbeitungsetappe macht sich der zielgerichtete
offensive Einsatz geeigneter inoffizieller Mitarbeiter zur weiteren Aufklärung des Verdächtigen sowie des Charakters der Verbindung zu ███████████████ erforderlich, <u>Durch</u> geeignete Maßnahmen soll erreicht werden, daß die von ██████ aus WD
geschickten Kontaktpersonen zu V e i t bekannt werden und
eine Aufklärung dieser Personen erfolgen kann. Gleichzeitig ist
zu klären, mit welcher Zielstellung diese Personen in die DDR
einreisen bzw. den Verdächtigen aufsuchen. Im Verlaufe der Bearbeitungsetappe sind gleichzeitig offizielle Beweise zu den
erarbeiteten inoffiziellen Hinweisen der staatsfeindlichen Het-
ze.des Verdächtigen zu schaffen.

<u>IM-Einsatz:</u>   <u>Erfüllungsstand:</u>

1. IMV "Fritz Burg"

   Mit dem IMV ist ein Grundsatztreff
   durchzuführen und folgende Punkte zu
   klären:
   - Möglichkeiten der Festigung des
     Vertrauensverhältnisses zu Veit
   - Beratung von geeigneten Anknüpfungs-
     punkten, wie gemeinsame PKW-Fahrten,
     Interesse am Roulettspiel, Sammler-
     leidenschaften .
   Der IMV ist dazu auf der Grundlage eines
   schriftlichen Auftrages zu instruieren.

           T.: 10. 7. 1971

           V.: Ultn. Brandenburger

           K.: Oltn. Katterfeld

- 2 -

106

2. IMS "Breitingen"

Auf der Grundlage des bestehenden
Kontaktes zum Verdächtigen wird
der IM zur Aufklärung der Verbin-
dungen des V. und deren Charakter
eingesetzt.
Zur Gewährleistung des offensiven
Einsatzes des IM hat eine ständige
Abstimmung mit dem stellvertreten-
den Abteilungsleiter Gen. Hptm.
P a t z e   zu erfolgen.

> T.: laufend
>
> V.: Ultn. Brandenburger
>
> K.: Hptm. Patze

3. IMS "Michael"

Der IMS wird zur operativen Kontrolle des V. auf der Arbeitsstelle eingesetzt. Schwerpunktmäßig
sind durch den IM zu klären:
- politische Diskussionen (staatsfeindliche Hetze) und Feststellung von Zeugen
- Feststellen von Kontakten und
  Verbindungen und deren Charakter
- Hinweise auf Devisenvergehen

> T.: Instruierung
>   10. 7. 1971
>
> V.: Ultn. Brandenburger
>
> K.: Oltn. Katterfeld

4. IME "Otto"

Mit dem IME ist auf der Grundlage
der operativen Maßnahme in der CSSR
und deren Ergebnisse (Wette Veit -
IME und ▇▇▇▇▇▇ in einem Grundsatztreff zu prüfen, inwieweit der be-
standene Kontakt zu V. wieder aufgenommen und ausgebaut werden kann.
Damit soll erreicht werden,
- Kontrolle außerhalb der Arbeitsstelle
- Aufklären von Verbindungen des V.
  und deren Charakter

> T.:
>
> V.:
>
> K.:

5. IMS "Norbert"

Der IMS wird zur weiteren operativen Kontrolle des V. auf der
Arbeitsstelle eingesetzt. Durch
ihn soll das Verhalten des V.,
Diskussionen und Verbindungen
bzw. Devisenvergehen und der-
gleichen erarbeitet werden.

> T.: Instruierung
> 10. 7. 1971
>
> V.: Ultn. Brandenburger
>
> K.: Oltn. Katterfeld

6. IMV "Mike"

Der IMV wird zur Durchführung
notwendiger operativer Maßnahmen
im Hotel zu Veit und deren Abdek-
kung eingesetzt (Dienstplanung,
Delegierung).

> T.: laufend
>
> V.: Ultn. Brandenburger
>
> K.: Oltn. Katterfeld

7. Es ist zu prüfen inwieweit ein geeigneter weiblicher IM in die operative Bearbeitung eingeführt werden
kann. Zu berücksichtigen ist dabei
der IM der Abteilung VII/4 in der
Nachbar des Hotels, da bei der Auswertung der Ergebnisse der Hausdurch-
suchung festgestellt wurde, daß V.
in Besitz eines Lichtbildes des IM
ist.

> T.: 30. 7. 1971
>
> V.: Ultn. Brandenburger
>
> K.: Oltn. Katterfeld

8. Im Wohnhaus des Veit, Steinstraße 57
sind solche Maßnahmen durchzuführen
und einzuleiten, daß der Einsatz eines
IM der Abteilung -0- (B) gewährleistet
wird. Damit soll erreicht werden:
- Feststellen von Verbindungen
- Hinweise der Feindtätigkeit
- Kontrolle des Verdächtigen

> T.: 13. 8. 1971
>
> V.: Ultn. Brandenburger
>
> K.: Oltn. Katterfeld

9. In Absprache mit dem Gen. Fischer
   der Abteilung XV der BV Leipzig
   ist zu erwirken, daß das Material
   ███████████ an unsere Diensteinheit
   überstellt wird. ██ wurde von der
   Abteilung XV als IM aufgeklärt.
   Die Person ████ ist zur Kontrolle
   des V. im Wohngebiet sowie zur
   Feststellung von Verbindungen zu
   nutzen.

                T.: 15. 7. 1971

                V.: Ultn. Brandenburger

                K.: Oltn. Katterfeld

10. Im Arbeitsbereich des Veit, In-
    terhotel "Deutschland"-Hotelhal-
    le, ist an den Arbeitstagen des V.
    ein IM der Abteilung -O- (A) ein-
    zusetzen. Hiermit soll festgestellt
    werden, inwieweit V. mit █████████ von
    der Arbeitsstelle aus in Verbindung
    tritt bzw. weitere Verbindungen.

                T.: 23. 7. 1971

                V.: Ultn. Brandenburger

                K.: Oltn. Katterfeld

11. Auf der Grundlage der bisherigen
    Ergebnisse und Ermittlungen zum
    verdächtigen V. ist schriftlich
    ein umfassendes Persönlichkeits-
    bild zu erarbeiten.

                T.: 13. 8. 1971

                V.: Ultn. Brandenburger

                K.: Oltn. Katterfeld

12. Über die bisher bekanntgewordenen
    Verbindungen des V. ist ein Verbin-
    dungsschema zu erstellen.

                T.: 13. 8. 1971

                V.: Ultn. Brandenburger

                K.: Oltn. Katterfeld

13. Die Verbindung ███████████████████ ist
    an seinem ehemaligen Wohnsitz,
    Altenburg in Verbindung mit der
    KD Altenburg, zu ermitteln. Hier
    muß vorallem herausgearbeitet wer-
    den, in wessen Händen sich die Sachen
    des ██ nach der Ausweisung nach WD
    befinden bzw. wer die Wohnung des
    ██ geräumt hat.

                T.: 27. 8. 1971

                V.: Ultn. Brandenburger

                K.: Oltn. Katterfeld

14. Über die bekanntgewordenen inof-
    fiziellen Fakten der staatsfeind-
    lichen Hetze nach § 106 StGB ist
    eine strafrechtliche Einschätzung
    zu treffen und zur Vorbereitung
    des Abschlußes der Vorlaufakte
    Operativ zu nutzen.

    T.: 30. 9. 1971

    V.: Ultn. Brandenburger

    K.: Oltn. Katterfeld

15. Über den Zeitraum der Leipziger
    Herbstmesse 1971 ist zur Bear-
    beitung des V. ein gesonderter
    Maßnahmeplan zu erstellen.

    T.: 25. 8. 1971

    V.: Ultn. Brandenburger

    K.: Oltn. Katterfeld

Brandenburger
Unterleutnant

Bestätigt:

Leiter der Abteilung VI

Rosse
Hauptmann

Bezirksverwaltung für   Leipzig, den 6. 7. 1972
Staatssicherheit Leipzig   VI/SRT/2
Abteilung VI   Br/Eck

X V o r s c h l a g

zur Durchführung einer operativen Kombination zum OV "Spieler", *VEII*
Reg.-Nr. 1063/70

Die Zielstellung der operativen Kombination besteht im Abschluß
des OV "Spieler" - Reg.-Nr. 1063/70, Bearbeitungsrichtung § 100
StGB - durch die konspirative Kontaktaufnahme zum Verdächtigen
mit der Perspektive der Verpflichtung als IM.

Die Realisierung dieser Maßnahme wird aus Gründen der Einhaltung
der Konspiration und des größtmöglichen Erfolges außerhalb Leip-
zigs durchgeführt.

Maßnahmen:

1. Der Verdächtige V. wird unter Legende für den 21. 7. 1972,
   14.00 Uhr, nach Erfurt in das Interhotel "Erfurter Hof" bestellt. Von hier erfolgt die Einführung des V. in ein konspiratives Zimmer der BV Erfurt, Abt. VI/SRT.

1.1. Unter Ausnutzung des Bekanntseins der Verbindung des V. zu
   dem in WD lebenden ███████████████, welcher 1970 wegen
   mehrfachen versuchten illegalen Verlassens der DDR nach der
   Haftverbüßung nach WD ausgewiesen wurde und ein Freund von V.
   war bzw. ist, erhält V. einen Brief aus Erfurt. Hierin wird
   ihm mitgeteilt, daß ein gemeinsamer Bekannter von ████████ ihn
   sprechen möchte. V. erhält diesen Brief am 14. 7. 72 und wird
   darin aufgefordert, am 21. 7. 72, 14.00 Uhr im Hotel "Erfurter
   Hof" zu sein. Aus dem Brief kann V. dann entnehmen, daß der
   Briefschreiber ████████████ heißt und aus München kommt.
   █ hält sich fingiert vom 21. 7. - 22. 7. 72 im Hotel "Erfurter Hof" auf.

   X Da nicht erarbeitet werden kann, welchen Dienst V. am 21. 7. 72
   hat, erhält er den Brief schon am 14. 7. 72, damit er eine
   eventuelle Dienstplanänderung vornehmen kann und erste Reaktionen festgestellt werden können.

   Abdeckung:

   Durch die BV Erfurt, Abt. VI Linie SRT wird unter Ausnutzung
   eines IM in Schlüsselfunktion eine Zimmervorbestellung im
   Interhotel "Erfurter Hof" eingelegt. Diese lautet auf den
   Namen ████████████████ aus München und bezieht sich auf den
   Zeitraum vom 21. 7. - 22. 7. 1972.

111

Diese Maßnahme gestattet eine eventuelle Überprüfung der vorgesehenen operativen Maßnahme durch V.

2. Über die KD Leipzig-Stadt, Linie VII, ist auf dem VP-Revier Süd, 703 Leipzig, Fockestraße, einzuleiten, daß eine eventuelle Briefabgabe bzw. Vorsprache des V. zu unserer DE gelangt.

> Termin: 13. 7. 1972
> verantw.: Ltn. Brandenburger
> Kontrolle: Oltn. Wilkes

3. Zur Absicherung bzw. Kontrolle dieser Maßnahme auf der Arbeitsstelle des V. - IH "Deutschland" - ist der IMV "Mike" einzusetzen. (Dienstplanänderungen, Vorsprache beim dienstl. Leiter usw.)

4. Zur Durchführung des Kontaktgespräches wird eine schriftliche Konzeption erarbeitet. Darin sind alle belastenden Fakten des V., getrennt nach offiziell und inoffiziell, welche aus dem Operativvorgang herausgearbeitet werden, aufzuführen.

> Termin: 19. 7. 1972
> verantw.: Ltn. Brandenburger
> Kontrolle: Oltn. Wilkes

5. Zur Vorbereitung der durchzuführenden operativen Maßnehme wird vom Gen. Ltn. Brandenburger am 12. 7. 1972 eine Dienstreise nach Erfurt, Abt. VI/SRT durchgeführt.

Stellv. Leiter der Abteilung VI

P a t i z e   Brandenburger
Hauptmann   Leutnant

Bestätigt:

Stellvertreter Operativ

P e g e l
Oberstleutnant

Fast zu gleichen Zeit, im August 1972 sprach mich ein Arbeitskollege an. Er berichtete mir, er habe da zwei Damen kennengelernt, die für die anstehende Herbstmesse ein Zimmer zur Übernachtung suchten. Sie wären aus Eisleben und hätten zur Messe einen Aushilfsjob an einem ausländischen Stand. Ob sie nicht mein Zimmer in der Steinstraße haben könnten. Ich könne ja solange bei meiner Frau in der anderen Wohnung schlafen. Nun, die beiden boten 250 Mark West für die 10 Tage und so willigte ich ein. Als die Messe vorbei war, eröffneten mir die Damen leider, dass sie soviel Geld jetzt gerade nicht hätten. Sie gaben mir 100 Mark West, einen Schuldschein über die anderen 150 Mark. Und knöpften mir noch das Versprechen ab, dass sie zur nächsten Messe wieder das Zimmer bekämen, wenn sie bis dahin ihre Schulden bezahlten.

Das erste Verhör

Drei Tage nach dem Ende der Messe tauchte früh um 7 Uhr die Stasi bei mir auf. Ich solle mich um 11 Uhr in einem bestimmten Gebäude in der Innenstadt bei ihnen melden. Wenn ich nicht käme, würde ich „zugeführt". Äußerst missmutig ging ich hin, inzwischen totmüde, ich hatte ja nach meiner Nachtschicht noch kein Auge zugetan. Sie brachten mich in ein Verhörzimmer. Und dann ging es los: „Herr Veit, sie sind jahrelang hart an der Grenze des Erlaubten herumgewandert. Und diesmal, Veit, haben sie diese Grenze bei weitem überschritten!" Ich war völlig baff, fragte: „Was wollen Sie denn von mir?" „Herr Veit, wer hat denn zur letzten Herbstmesse bei ihnen gewohnt?" Ich erzählte ihnen die Geschichte von den zwei Damen aus Eisleben. Dann wurde es laut. „Herr Veit, diese zwei Damen haben die ganze Zeit in ihrem Zimmer Prostitution betrieben!" Ich bekam natürlich eine ziemliche Angst, wie die mich so anschrien. Sagte: „Bitte, das glaube ich nicht! Das lässt sich sicher aufklären. Holen sie doch die zwei Damen hierher, und fragen sie sie selbst. Dass ist ein Missverständnis." Das ließ die völlig kalt. „Herr Veit, ob und wann wir eine Gegenüberstellung machen, das müssen sie schon uns überlassen!"

Doch plötzlich wurden sie wieder ganz freundlich: „Sagen sie mal, Herr Veit, wie ist denn eigentlich ihre Meinung über unser Organ?". Ich sagte: „Auf alle Fälle eine schlechte Meinung." „Ja, aber Herr Veit, wieso denn nur?" Ich weiter: „Weil zu ihrem Beruf ein etwas sonderbarer Charakter gehört. Erst wollen sie von den Leuten etwas wissen und reden ihnen nach dem Mund. Und dann hauen sie sie hinterrücks in die Pfanne. Das ist nicht jedermanns Charakter." Die blieben immer noch freundlich: „Also, Herr Veit, wir werden bemüht sein, dass sie in Zukunft von uns eine viel bessere Meinung erhalten. Dass sie ihr Zimmer für 250 Mark West vermietet haben, verstehen wir doch. Das ist doch eine Menge Geld. Das würden wir doch genauso machen!" Ich schüttelte noch den Kopf und sagte: „Nein, ganz bestimmt nicht, wenn Sie mir sagen, was in meinem Zimmer passiert ist, vermiete ich es ganz bestimmt nicht mehr. Das hat sich erledigt." „Aber Herr Veit, überlegen sie sich das, das ist doch ein Haufen Geld, sie haben doch eine Frau und zwei Kinder." Ich nahm meine Jacke und machte Anstalten, zu gehen. Als der Gesprächsführer von der Stasi das merkte, sagte er: „Moment mal, Veit, wir sind noch lange nicht am Ende!" „Herr Veit, ist ihnen der Name Hilmar Hildebrandt ein Begriff?" Ich sage: „Ja, den Namen kenne ich." Ich erzählte die Geschichte von dem Telegramm und wieso ich nicht zu diesem seltsamen Treff nach Erfurt gefahren bin. War das Gespräch bis dahin recht ruhig verlaufen, brüllte mich der Stasi-Mann nun plötzlich an, richtig rot angelaufen ist er dabei:"So, Herr Veit, dieser Hilmar Hildebrandt war auch nicht zu dem Treff im Erfurter Hof. Denn er wurde vorher mit über 20 000 West-Mark in der Tasche an der Grenze festgenommen worden. Und er hat ausgesagt, das gesamte Geld sei für sie! Für was erhalten sie 20.000 West-Mark??!!" Ich saß da, schwitzte und war völlig überrumpelt. Ich hatte überhaupt keine Ahnung, in was ich da reingeraten war.

Nun wurde der Ton wieder ruhiger. Und sie ließen die Katze aus dem Sack. „So, Herr Veit, wir könnten auch darüber hinwegsehen. Wenn sie bereit sind, sich alle 14 Tage mit uns zu treffen." Ich sagte: „Wieso soll ich das tun, was wollen sie denn von mir?" Der Vernehmer brüllte mich an: „Herr Veit, mit welchen Ausländern sie zur Messe im Interhotel zusammentreffen, wissen sie selbst. Dass ihr Freund Dieter bei seiner Übersiedlung 1970 ihren Namen preisgegeben hat, ist fast sicher. Und ihre politische Einstellung zur DDR brauchen wir ihnen hier auch nicht auszubreiten. Auf Grund dieser Konstellation ist es möglich, dass dieser Hilmar Hildebrandt mit den 20 000 West-Mark gar nicht von ihrem Freund Dieter aus München kommt. Es ist durchaus denkbar, dass sich hier ganz andere Leute für sie interessieren. Und hier wollen wir wissen, was wird. Sind sie bereit, sich alle 14 Tage mit uns zu treffen." Die letzten zwei Sätze brüllte er mir wieder regelrecht ins Gesicht.

Der Vorwurf: Ich sollte Kontakt zu West-Spionen haben

Ich war geschockt. Auf einmal sah das Ganze so aus wie Spionage. Als wolle mich ein westlicher Dienst als Agent anwerben. Aus Angst gab ich klein bei: „Was wollen sie denn wissen?" Der Stasi-Mann: „Wir wollen wissen, ob Hildebrandt oder jemand anders aus dem Westen sich bei ihnen per Post oder Telefon meldet." In meiner Bedrängnis ließ ich mich darauf ein. Ich war ja auch sehr daran interessiert, dass dieser Spionage-Verdacht gegen mich so schnell wie möglich aus der Welt geschafft würde.

Der Operative Vorgang „Spieler", vom MfS 1970 angelegt, enthüllt die wahren Zusammenhänge dieses mysteriösen Vorgangs. Zunächst bemühte sich die Staatssicherheit laut Akten, „offizielle Beweise zu den erarbeiteten inoffiziellen Hinweisen der staatsfeindlichen Hetze" gegen Dieter Veit zu beschaffen. Beweise, die man ganz offiziell in einer öffentlichen Gerichtsverhandlung gegen ihn hätte verwenden können. Mitte 1972 dann verfallen die MfS-Leute auf den Gedanken, Veit stattdessen lieber zu einer Mitarbeit als IM zu erpressen. Sie entwerfen einen verwegenen Plan, der Veit schrittweise an eine Spitzeltätigkeit gewöhnen soll: Einen „Hilmar Hildebrandt" hat es nie gegeben. Der Brief, den Veit 1972 von ihm erhält, und in dem er von „Hildebrandt" zu dem Treffen mit dem vermeintlichen West-Agenten in das Hotel „Erfurter Hof" gelockt wird, stammt in Wahrheit vom MfS. Ziel dieses schmutzigen Spiels der Stasi-Leute ist es, Veit den Eindruck zu vermitteln, dass er tatsächlich unter Spionage-Verdacht stünde. Damit, so steht es in den Stasi-Akten, soll Veit dazu erpresst werden, sich als IM der Staatssicherheit zu verpflichten. Um diese „Legende" besonders glaubhaft erscheinen zu lassen und Veit langsam an eine Spitzeltätigkeit zu gewöhnen, wird er bei den ersten Treffen, auf die er sich nun unter Druck einlässt, noch nicht über Vorgänge im Hotel - dem eigentlichen Begehr der Stasi - sondern zunächst nur über den vermeintlichen „West-Agenten" Hilmar Hildebrandt angesprochen.

An einem Dienstag im September 1972, nachmittags um 15 Uhr, erschien ich zum ersten vereinbarten Treff an der Straßenecke Steinstraße/Karl-Liebknecht-Straße. Ein Auto mit zwei Stasi-Leuten hielt, ich stieg ein. Sie fuhren los, quer durch die Stadt und stoppten erst, als wir in einem einsamen Waldstück angekommen waren. Dort stellten sie ihre Fragen „So, Veit, haben sie Post bekommen?" „Nein!". „Hat jemand angerufen?" „Nein!" „Hat sich nachts im Interhotel jemand gemeldet?" „Nein!" Diese 3 Fragen, etwas in die Länge gezogen, das dauerte nicht länger als 5 Minuten. Danach redeten sie mit mir nur noch über Belanglosigkeiten. Das Wetter ist schön, zur Zeit sind ja einige Reisegruppen im Hotel und so weiter. Nach etwa 20 Minuten fuhren sie mich zurück. 14 Tage später genau das gleiche. Treff an der Straßenecke. Diesmal brachten sie mich in irgendein Dienstgebäude. Stellten dieselben Fragen. Und bekamen von mir genau dieselben Antworten. So ging das eine Weile. Nach dem fünften Treff wurden die Fragen der Stasi-Leute plötzlich konkreter. „Sagen sie mal, Herr Veit, die Bardame im Hotel, die Frau H., die hat sich doch ein Auto gekauft, können sie uns mal die Autonummer besorgen? Sagen sie mal, bei ihnen im Hotel verkehrt doch dieser Antiquitätenhändler, was wird denn da so geredet? Und wie kommen sie denn mit ihrem Kollegen, Herrn E. klar? Da platzte mir der Kragen. Ich erklärte denen klipp und klar, dass ich mich zu keiner Zeit und niemals bereit erklärt hatte, sie mit Informationen aus meinem Gäste- oder Kollegenkreis zu beliefern. „Ich habe mit meinen Kollegen ein sehr gutes Verhältnis. Und ich möchte, dass das so bleibt."

Wie die Stasi mich zum Spitzel erpressen wollte

Der Stasi-Mann entgegnete mit einem überlegenen Lächeln im Gesicht: „Herr Veit, ihr gutes Arbeitsverhältnis können wir abändern. Wir brauchen dort nur durchsickern lassen, dass sie sich bis jetzt schon fünfmal mit uns getroffen haben. Dann ist ihr gutes Verhältnis mit den Kollegen sicher schnell dahin." Genauso hatte ich mir das vorgestellt bei der Stasi. Kalt, falsch, berechnend, aggressiv, rücksichtslos. In der Zeit bis zum nächsten Treffen habe ich lange nachgedacht. Eigentlich könnten die mir doch gar nichts anhaben. Im Betrieb war nichts mit Betrug oder Devisen, die zwei Frauen aus Eisleben hatte ich auch nicht an irgendwelche Gäste vermittelt, auch das ließ sich durchaus beweisen. Und mit Spionage hatte ich nichts zu tun. Da waren lediglich meine politischen Äußerungen privat und im Kollegenkreis, zu denen ich nach wie vor stand. Über die mangelnde Reisefreiheit, den Schießbefehl an der Grenze, das miese Warenangebot. Meine Ratlosigkeit, meine Unsicherheit wichen langsam wieder der Entschlossenheit, diesen Leuten von der Stasi zu widerstehen. Das sechste Treffen begann stark unterkühlt. Mir viel auf, dass die Standard-Fragen, ob mich irgendwer aus dem Westen kontaktiert hätte, auf einmal nur noch eine sehr untergeordnete Rolle spielten. Es war klar: Die wollten ganz etwas anderes, ich sollte für sie als Spitzel im Hotel arbeiten. Aber auf einmal wusste man alles von mir. „Veit, vor ungefähr acht Wochen wurde im Hotel um ziemlich viel Geld gewürfelt. Wieviel Westgeld war dabei im Spiel?"

„Veit, vor einem Jahr waren sie mit einer ganz bestimmten Dame bei einer Tanzveranstaltung im Schauspielhaus. Gegen 1 Uhr nacht waren sie dann mit dieser Dame in ihrem Zimmer. Und da kam es dann gar nicht mehr so sehr aufs Tanzen an. Was würde eigentlich ihre Frau dazu sagen?" Eine bodenlose Frechheit! Die Stasi merkten, wie ich mich darüber empörte und dass sie mit solchen plumpen Versuchen bei mir nur noch mehr Trotz auslösten. So schlugen sie auf einmal wieder einen anderen Ton an: „Herr Veit, sie besuchen doch öfter ihre kranke Mutter in ihrer Heimatstadt Altenburg. Das ist doch mit der Bahn sehr umständlich. Was würden sie denn davon halten, wenn wir ihnen ohne Wartezeit ein ordentliches West-Auto besorgen?" Ich dachte, mich dreht es vom Hocker. Auf diese Wende war ich nicht gefasst. Doch meine Antwort war eindeutig und ich musste nicht lange überlegen: „Wissen sie, ich bin technisch nicht sehr bewandert und habe auch keine Fahrerlaubnis. Und nach Altenburg komme ich in einer Stunde auch bequem mit dem Zug. Die Fahrkarte kostet 3,60 Mark und im Zugabteil kann ich gemütlich Zeitung lesen." Danach war das Gespräch schnell beendet. Sie fuhren mich im Wartburg zurück in die Steinstraße. Und hielten mir beim Aussteigen sogar noch die Tür auf.

Das letzte Gespräch und meine Entscheidung

Das letzte, schicksalhafte Gespräch fand 14 Tage später statt. Diesmal brachten sie mich in eine leere Wohnung in der Nähe des Dimitroff-Museums. Vieles war plötzlich anders. Vor mir wurde ein Tonband aufgebaut. „So, Veit", begann der Gesprächsführer, „wir haben uns ausgiebig mit ihnen beschäftigt. Wir wissen, dass es ihnen drüben besser gefällt. Das Warenangebot, die Meinungsfreiheit. Wir machen ihnen einen Vorschlag! Wir lassen sie rüber, in den Westen. Sie können sich das 6 bis 8 Wochen in Ruhe anschauen. Sie bringen dafür dort für uns in Erfahrung, ob dieser Hilmar Hildebrandt mit den 20.000 West-Mark tatsächlich von ihrem Freund Dieter aus München kommt. Dann kommen sie wieder zurück. Aber, Veit, denken sie nicht, dass sie drüben bleiben können. Wir holen Sie!" Dann blickten mich die zwei Stasi-Offiziere bestimmt fast eine Minute schweigend und prüfend an. Sie wollten sehen, wie ich reagiere. Dann standen sie auf und sagten, dass sie mich jetzt etwa 5 Minuten alleine lassen würden, ich solle mir das alles sehr genau überlegen. Bevor sie den Raum verließen, sagte einer der beiden noch: „Und noch eines, Herr Veit, Sie haben kürzlich an der Betriebsakademie Leipzig ihren Gaststättenleiter bestanden. Wer im Interhotel auf welcher Position eingesetzt wird, das bestimmen wir. Mit dieser Qualifikation sind für Sie die Möglichkeiten im Interhotel nach oben hin grenzenlos offen. Auch das sollten sie bei ihrer Antwort bedenken." Ich blieb alleine im Zimmer zurück. Das Tonband lief weiter. Mir war klar, dass die nächsten Minuten sehr viel entscheiden würden. Was tun? Die West-Reise nach München annehmen? Einfach drüben bleiben, trotz der Drohung? Ich wollte nie nach drüben. Natürlich war ich in der DDR mit diesem oder jenem nicht einverstanden. Und ich sagte das auch und stand dazu. Deswegen hatte ich ja all diese Schwierigkeiten. Andere hielten die Schnauze, obwohl sie in groben Zügen dasselbe dachten wie ich. Die Jasager, Kriecher, bis zur Selbstaufgabe, zur Lächerlichkeit. Aber rüber in den Westen wollte ich trotzdem nicht. Schließlich hatte ich in Leipzig zwei Kinder, eine kranke Mutter in Altenburg. Und ich war verheiratet, hatte eine interessante Arbeitsstelle, verdiente nicht schlecht und in Kürze hatten wir sogar eine große, schöne Wohnung in Aussicht. Das Angebot der Stasi annehmen und nach München fahren? Und dann wieder zurück in die DDR und berichten? Wenn du denen den kleinen Finger gibst, dann nehmen die garantiert die ganze Hand! Ich würde nie mehr davon loskommen. Trotz der vielen Vorteile, die sie mir anboten, kam das für mich nicht in Betracht. Ich wollte nicht mein Leben lang ein Spitzel sein. Ich hörte die Tür, die Bedenkzeit war um. Sie blickten mich an wie die Schlange das Kaninchen: „So, Veit, und wie geht es nun weiter?" „Ich habe eine Frage", sagte ich, „wenn ich meinen Freund Dieter in München nach diesem Hilmar Hildebrandt ausfragen soll, dann muss ich ihm doch wohl auch erklären, wie ich überhaupt in den Westen gekommen bin. Ich kann ja wohl schlecht sagen, dass ich nachts über die Mauer gehüpft bin!" „Dafür gibt es eine ganz einfache Lösung", sagte der eine, „Sie sind doch ein sehr guter Mitarbeiter im Interhotel. Und die DDR nimmt auch im kapitalistischen Ausland an internationalen gastronomischen Wettbewerben teil. Und da sind sie eben mit dabei. So einfach ist das."

Ich war hin und her gerissen. Das Tonband lief weiter mit. Mir war völlig klar: Wenn ich jetzt Nein sage, kann es mit mir beruflich und privat nur noch bergab gehen. Doch ich sagte Nein, erst einmal etwas zögerlich und dann ein weiteres Mal deutlich und bestimmt. Die zwei Stasi-Leute taten auch nicht sehr überrascht. Fast so, als hätten sie es erwartet. Sie gaben mir noch eine Telefonnummer, die sollte ich anrufen, wenn ich es mir anders überlegte. Dann brachten sie mich zurück in die Steinstraße. Ich blieb bei meinem Nein. Und ging nach Hause. Zum nächsten Trefftermin im Dezember 1972, Steinstraße/Ecke Karl-Liebknechtstraße, bin ich sogar noch hingegangen. Aber es kam keiner mehr, um mich abzuholen... Mehr als ein halbes Jahr war Funkstille. Ich arbeitete weiter im Hotel - mit dunklen Vorahnungen. Am 15. August 1973, morgens um 6 Uhr, zu Dienstschluss, als ich gerade an der Bar bei der Abrechnung war, kamen sie und haben mich verhaftet. Sie brachten mich in die Stasi-Dienststelle in der Beethovenstraße.

INTERHOTEL AM RING (R) 701 Leipzig
Karl-Marx-Platz 5-6
Postschließfach 365

INTERHOTEL AM RING · 701 Leipzig, Postschließfach 365

Kollektivvertreter
Kollege Bürkner

im Hause

Ihre Zeichen	Ihre Nachricht vom	Unsere Zeichen	Datum
		ma/hei	27. 11. 1973

Werter Kollege Bürkner !

In einer ersten Auswertung des Prozesses gegen den Angeklagten
Dieter V e i t haben die Vertreter des Kollektivs Empfang,
Interhotel Am Ring, Stellung genommen.

Im Ergebnis dieser Aussprache wurde besonders hervorgehoben,
daß sich das Kollektiv Empfang als sozialistische Brigade
ganz entschieden von dem staatsverleumderischen Schreiben
des Dieter Veit an seinen Freund und von seiner gesamten
Grundeinstellung vor Gericht distanziert.

Wir sind der Meinung, daß der Angeklagte Veit keine Lehren
aus der geschichtlichen Vergangenheit gezogen hat und deshalb
auch nicht damit rechnen kann, daß er bei den Kollektiven Ver-
ständnis für seine negative Einstellung zu unserem Arbeiter-
und Bauernstaat finden kann.

Wir bitten, diese unsere Meinung bei Ihren Ausführungen vor
Gericht mit zum Ausdruck zu bringen.

INTERHOTEL AM RING LEIPZIG

Brigade Empfang

Fernsprecher /1151 Telex 051-557
Telegrammanschrift interhotel
Bankkonto Nr. 5611 18 20 IHB Leipzig
Postscheckkonto Nr. /00 96 FA Leipzig
Betriebs-Nr. 073/4003

123

Der bittere Leidensweg

Dieter Veit wurde nach einem Jahr „Untersuchungshaft" wegen Staatsverleumdung und angeblicher „Förderung der Prostitution" 1974 zu drei Jahren Haft verurteilt und in die DDR-Gefängnisse Karl-Marx-Stadt und später Untermaßfeld gebracht. Bereits während der Haft stellte er vergeblich zahlreiche Ausreiseanträge. 1976 wurde er in die DDR entlassen, wo er weiter seine Ausreise in die BRD forderte und sich hilfesuchend auch an die westlichen Menschenrechtsorganisationen Amnesty International, „Hilferufe von Drüben" (HvD) und die Redaktion der westdeutschen TV-Sendung „ZDF-Magazin" wandte, die sich seitdem für ihn einsetzten. 1980 wurde er beim Versuch, in den Westen zu fliehen, in der Tschechoslowakei verhaftet und erneut, diesmal wegen „versuchtem ungesetzlichen Grenzübertritts" und „staatsfeindlicher Verbindungsaufnahme" zu drei Jahren und zehn Monaten Haft verurteilt. „Staatsfeindliche Verbindungsaufnahme" deswegen, weil er in den kurzen Jahren, in denen er seit seiner ersten Haft auf „freiem" Fuss war, die westlichen Menschenrechtsorganisationen um Hilfe gebeten hatte. Während seiner gesamten Haftzeit war er schweren Schikanen ausgesetzt, trat zeitweise in den Hungerstreik und wurde zwangsernährt. In der DDR-Haftakte über Dieter Veit heißt es: „Seine Handlungen zeugen von einem tiefen Hass gegenüber unseren staatlichen Organen." In der Haft verfasste er zahlreiche, regimefeindliche Gedichte, die er seinen Mitgefangenen vortrug. Dafür erhielt er ebenfalls willkürliche Sonder-Strafen, in dem er unter anderem auch durch Isolierungshaft und in sogenannten „Kälte-Zellen" gefoltert wurde. Die Existenz derartiger „Kälte-Zellen" und anderen

Schikane-Methoden an politischen Häftlingen, die allesamt dem Ziel dienten, sie vor allen Dingen psychisch zu vernichten, belegten bereits in dieser Zeit westdeutsche TV-Beiträge im „ZDF-Magazin" des Moderatoren Gerhard Löwenthal. Mit Hilfe der von Löwenthal mitinitierten Organisation „Hilferufe von drüben", die damals auch für die Freilassung von Dieter Veit eintrat, bauten ehemalige Häftlinge damals in den ZDF-Studios für Film-Aufnahmen eine jener „Kälte-Zellen" nach, in denen Häftlinge tagelang bitterer Kälte ausgesetzt waren und illustrierten damit und mit anderen Beispielen, welch schlimmen Haftbedingungen sie ausgesetzt waren. Die DDR-Führung bestritt damals die Existenz derartiger Dinge und stellte sie als „Feindpropaganda" dar. 1981 wurde Dieter Veit von der Bundesregierung freigekauft und durfte die DDR am 2. April 1981 verlassen. Nach 18 Monaten in ärztlicher Behandlung im Westen wurde er 1982 aufgrund seiner schweren gesundheitlichen Schäden, die er in der Haft erlitten hatte, Teil-Invalidenrentner. Als 1987 seine Mutter in der DDR verstarb, wurde ihm die Einreise in die DDR zur Beerdigung kommentarlos verweigert.

Nachwort

Das Bezirksgericht Leipzig des Freistaates Sachsen hob alle Urteile der DDR-Gerichte gegen Dieter Veit am 4. Februar 1992 ausnahmslos auf und sprach ihm einen Anspruch auf Haftentschädigung und Rehabilitierung zu. Für seine Haftzeit in der DDR erhielt er pro Hafttag 20 DM Entschädigung, außerdem bekommt er heute 400 Mark Rente vom Versorgungsamt für seine 50%- Invalidität aufgrund seiner Haftschäden. Er arbeitete seit seiner Haftentlassung zeitweise als Spielhallen-Aufsicht, dann 12 Jahre lang als Wachschutz-Angestellter im West-Teil Berlins. Seine insgesamt etwa 2000 Seiten dicke MfS-Akte, Hauptteil der OV „Spieler", dokumentiert detailliert, wie die Stasi ihn zunächst zur Mitarbeit erpressen wollten und ihn anschließend kriminalisierte. Ebenfalls enthalten sind die Namen aller beteiligten MfS-Offiziere und Inoffiziellen Mitarbeiter. Keiner der MfS-Offiziere, die den Operativen Vorgang gegen Dieter Veit führten, wurden nach der Wende rechtlich belangt. Einer seiner ehemaligen Kollegen im damaligen Interhotel „Deutschland", der sich als Stasi-IM „Mike" im Operativen Vorgang gegen Veit wiederfindet, war noch lange Jahre nach der Wende Direktor des renommierten Hotels am Leipziger Augustusplatz.

*

Gedichte von Dieter Veit, die in der DDR als „Staatsverleumdung" und „staatsfeindliche Hetze" galten

Der kleine Laden (1972)

Ich ging durch die Straße und war fast allein,
doch dort was war das, was konnte das sein?
Ein Unfall, eine Demonstration?
Rund tausend Menschen rannten da schon.
Ich sah sie rennen, rasen und hetzen,
sie stürmten mit Taschen, Koffern und Netzen.
Was war wohl der Grund, was konnte das sein?
Da rannte ich auch, ich holte sie ein.
Da sah ich es endlich, wie konnt´ich es ahnen:
ein ganz kleiner Laden, und da gab´s Bananen!

Die andere Freiheit (1972)

Man sagte mir, was Freiheit ist, doch ich,
ich sagte immer nein.
Was ihr mir dort als Freiheit bietet,
das kann die Freiheit niemals sein.
Noch bin ich jung, in guten Jahren
Paris und Rom, das seh ich nie
Ich darf auch nie nach Zürich fahren
Bin ich da frei, so sag mir wie?
Ich darf auch nie nach Argentinien
nach Holland fahren darf ich nicht
und sollte ich es doch versuchen
so stellt man mich vor ein Gericht.
Ich seh die Mauer an der Grenze,
ich seh Gewehre und den Zaun,

ich seh die vielen toten Menschen,
sie wollten nach der Grenze schaun.
Das ist die Freiheit, die sie meinen?
Doch ich, ich sage immer nein.
Ich höre tausend Mütter weinen
das kann die Freiheit niemals sein!
Die Freiheit, sie hat keine Mauern
die Freiheit, die den Tod uns bringt?
Das ist die Freiheit, die sie meinen,
die Freiheit, die zum Himmel stinkt!
Man kann mich tausendmal verhören,
und tausendmal, so sag ich nein
es kommt der Tag, das kann ich schwören,
da wird die Freiheit anders sein.

Die Wahrheit

Wenn man die Wahrheit hier verbietet,
oder deinem Worte halt gebietet,
dann bist du an dem Ort, dem rechten,
die Wahrheit musst du dann verfechten,
und fühlst du auch noch manchen Schmerz.
Die Wahrheit stärkt ein jedes Herz,
Die Wahrheit sieht noch keiner tot,
Denn Blau bleibt Blau und Rot bleibt Rot.
Und will man auch in manchen Ländern,
die Wahrheit einfach so verändern,
Ich sehe fern in vielen Tagen,
Da wird man jede Lüge schlagen.

*

Bezirksgericht Leipzig

Senat für Rehabilitierung

Az.-Reha.: BSRH 4816/92   co
Az.-Ger.: 1336 S 503/73 - 1 BSB 965/73
Az.-StA: 221-305/73-4

In der Rehabilitierungssache

     des Herrn Dieter Veit
     geb. am 08.12.1942
     wohnh. Schlangenbader Str. 23B, W-1000 Berlin 33

                - Antragsteller -

hat der 5. Rehabilitierungssenat durch

     Vorsitzenden Richter am Landgericht Düwert
     als Vorsitzenden

     Richter am Amtsgericht Oellrich
     Richterin Klein
     als Beisitzer

am   0 4. 2. 92   folgenden

B e s c h l u ß

gefaßt:

   1. Das Urteil des Bezirksgerichts Leipzig vom
      24.01.1974 (Az. 1BSB 965/73) wird

           a u f g e h o b e n .

   2. Es wird festgestellt, daß das damalige Ver-
      fahren rechtsstaatswidrig war und der Antrag-
      steller zu Unrecht vom 16.08.1973 bis zum
      12.08.1976 in Haft gehalten wurde.

Linda Bölke (51),
vom Imbiss-Stand der DEFA in Potsdam

Mein Arzt half mir, der Stasi zu widerstehen

Mein Name ist Linda Bölke. Ich wurde im Januar 1951 in Berlin geboren. Ich wuchs ohne Vater auf, meine Mutter Gerda war alleinerziehend und arbeitete damals als Betriebskrankenschwester, später beim Magistrat von Berlin. Wir hatten eine kleine Wohnung, direkt am Berliner Alexanderplatz. Noch im Kindergarten war ich beim Tanz- und Ballettunterricht. Schon als kleines Mädchen bekam ich damit Statistenrollen im berühmten Friedrichstadtpalast und beim Fernsehen. Ganz stolz war ich auf eine kleine Rolle bei der Fernsehsendung „Da lacht der Bär" mit Heinz Quermann. Vielleicht wäre ja eine berühmte Tänzerin aus mir geworden. Doch dann, mit 6 Jahren der schwere Unfall. Ein Auto fuhr mich vom Fahrrad, mein Bein war so kompliziert gebrochen, dass ich seitdem nicht mehr tanzen durfte. Eine Tante, die als Krankenschwester beim Fernsehfunk in Adlershof arbeitete, vermittelte mich dafür später an die Redaktion der Kindersendungen des DDR-Fernsehens, wo ich oft kleinere und größere Rollen bekam.

Der tägliche Widerspruch: Der Spaß bei den „Pionieren" und der Ärger über die Gängelung

Dass ich in der zweiten Klasse unbedingt zu den „Jungen Pionieren" wollte, hat meiner Mutter gar nicht gefallen, sie hätte mich lieber in einer kirchlichen Jugendgruppe gesehen. Aber alle meine Freude waren bei den Jungen Pionieren und ich fühlte mich etwas ausgegrenzt. Nun, schlussendlich habe ich mich durchgesetzt. Die Zeit bei den „Jungen Pionieren" machte mir viel Spaß. Ich wurde ein sehr aktiver Pionier, organisierte Ausstellungen und Veranstaltungen mit. Trotzdem las ich in meinen Zeugnissen, ich sei nicht genügend gesellschaftlich aktiv. Das lag einfach daran, dass ich hin und wieder Pioniernachmittage sausen ließ, weil ich beim Kinder-Fernsehen zu tun hatte. Das war mir natürlich wichtiger, ist doch klar. Ich fand es unheimlich ungerecht, deswegen gerüffelt zu werden. Und wenn man dann so ein

Zeugnis liest, fühlt man sich sehr ungerecht behandelt. Diese Ungerechtigkeit hat mich in diesem Staat schon immer sehr geärgert. Die totale Gängelung von oben, die Bevormundung durch die SED.

An den Bau der Mauer kann ich mich noch sehr gut erinnern. Ich war 10 und verstand die Welt nicht mehr. Alle unsere Verwandten lebten im Westen, wir waren die einzigen, die auf den paar Metern Osten zurückblieben. Wir wohnten inzwischen in der Chausseestraße, in Sichtweite der Grenze. Vor lauter Wut, klein wie ich war, schmiss ich Steine gegen diese seltsame Wand. Aber was wollten wir schon machen? An's Abhauen dachten wir nicht. Wer konnte denn auch ahnen, dass sich diese Mauer so lange hinziehen würde? Ich bin mit dem Mauerbau auf einen Schlag ein ganzes Stück erwachsener geworden. Ich begriff sehr schnell, dass man nicht mehr sagen durfte, was man dachte. Dass man sogar aufpassen musste, wenn man in der Schule von den Lehrern darüber ausgefragt wurde, ob die Uhr bei den Fernsehnachrichten denn Punkte oder Striche habe und um welche Uhrzeit man denn das Sandmännchen gucke. Das waren damals ja die makaberen Fangfragen an uns Kinder, um herauszukriegen, ob die Eltern West-Fernsehen gucken. Eine ungeheuerliche Schweinerei, wenn man heute darüber nachdenkt. Dass sich diese Lehrer nicht in Grund und Boden schämten! Diese Bevormundung störte mich unheimlich, brachte mein Weltbild gehörig durcheinander und nahm mich sehr gegen die DDR ein. Ich fragte mich, wieso wir den Kontakt zum Westen und zu unserer ganzen Verwandtschaft drüben abbrechen sollten, bloß weil es dem Staat nicht passte. Was mich damals störte - und das stört mich noch heute im

Leben: Ich muss nicht gerne was müssen! Ich tue viele unangenehme Dinge gerne freiwillig, wenn man mir erklärt, um was es geht und mich freundlich um Hilfe bittet. Aber wenn mich einer zu etwas zwingen will, dann schalte ich auf stur. Es war im Osten leider viel zu oft so, dass die Staatsmacht ankam und meinte: Du musst das jetzt machen. Ich erinnere mich in diesem Zusammenhang noch an eine Staatsbürgerkunde-Lehrerin. Die war so eine rote Socke, bei der durfte kein kritisches Wort über die DDR fallen. Und dann gab es einen Pauker, unseren Fachkundelehrer auf der Berufsschule, Herrn Beyer, mit dem konnte man offen diskutieren. Der hat uns in vielen Beispielen und mit vielen Fakten erklärt, warum es eben hier oder da in der DDR nicht so richtig vorwärts geht und warum das eine oder andere nicht funktioniert. Statt dogmatisch auf uns einzuhämmern, hat er es mit seinen Argumenten geschafft, in mir auch Sympathien für den Staat zu wecken. Ich erinnere mich noch daran, dass er uns erklärte, wieso es im Osten keine Nylon-Mäntel gab. Er argumentierte, dass es beim Wiederaufbau unseres Landes eben vorerst wichtigeres gäbe, als Fabriken für Nylon-Mäntel. Und dass man sie auch nicht im Westen kaufen wolle, weil man dafür vielleicht wichtige Produkte der DDR nach drüben liefern müsse, die bei uns dann wieder fehlten. Das hat der uns sehr vernünftig erklärt. Damit konnte man dann ja irgendwie leben, auch ohne den tollen Nylon-Mantel aus dem Westen. Den bekam ich später aber doch noch – von der West-Oma.

Ich war nicht linientreu. So stieß ich schnell an Grenzen

Ab der 3. Klasse besuchte ich damals eine Spezial-Sprachschule mit erweitertem Russisch- und Englischunterricht. Sie war damals die erste dieser Art in Berlin. Sprachen waren meine Leidenschaft und ich wollte so gerne in die weite Welt, um mir möglichst viele Länder anzusehen. Damit war ich in der DDR natürlich nicht unbedingt an der ersten Adresse. So suchte ich nach Nischen. Mein Berufswunsch war deshalb eigentlich, Außenhandelskaufmann zu werden, mit dem Ziel, als Stewardess bei der Interflug zu fliegen. Na ja, das hatte sich dann ganz schnell erledigt. Ich war nicht in der FDJ, hatte nur Westverwandtschaft, und galt scheinbar auch ansonsten nicht als besonders staats- und linientreu. Da haben die von vornherein abgewunken. Eine Freundin von mir hatte ein etwas schlechteres Zeugnis als ich, war noch dazu etwas mollig, als Stewardess also wenig geeignet. Aber dafür war sie in der FDJ und ihre Mutter eine Schuldirektorin. Sie bekam die Lehrstelle beim Außenhandel! Ich freute mich schon, als ich wenigstens bei der Deutschen Reichsbahn angenommen wurde -auf eine Lehrstelle als „Internationaler Zugbegleiter". Hörte sich ungeheuer spannend an und ich hatte doch tatsächlich die Illusion, dass ich damit viele fremde Länder bereisen würde. Dass wir auf unseren „internationalen" Touren nicht mal in die Tschechei kamen, sondern schon hinter Bad Schandau aussteigen mussten, hat mir ja keiner gesagt. Meine Sprachkenntnisse konnte ich da natürlich auch überhaupt nicht einsetzen. Nach Ende der Lehre suchte ich mir deshalb einen neuen Job: Verkäuferin in einem Souvenirladen Unter den Linden in Berlin. Nicht die große, weite Welt. Aber dafür hatte ich dort wenigstens regelmäßig mit Touristen zu tun. Später erinnerte ich mich an meine Wurzeln auf der Bühne. Auf der Straße lief mir der Tonmeister vom Friedrichsstadtpalast über den Weg, der mich noch als Kind von dort kannte. Der fragte mich gleich, ob ich nicht bei ihm anfangen wollte. So wurde ich Tonassistentin beim Friedrichsstadtpalast. Ich saß in der Ton-Kabine hoch über der Bühne und half bald sogar bei großen Fernsehproduktionen wie „Ein Kessel Buntes" aus. Ich lernte dabei nicht nur viele Sänger und Schauspieler kennen. Sondern auch meinen ersten Mann Peter, den ich 1978 heiratete. Unsere Ehe dauerte nicht lange, drei Jahre später waren wir wieder geschieden.

Mein spannender Job bei der DEFA

1981 besorgte mir ein Freund einen Termin zum Vorsprechen bei der DEFA, die suchten eine junge Frau für einen Spielfilm. „Der Baulöwe" mit Rolf Herricht. Ich spielte eine Fliesenverkäuferin. In dem Film ging es darum, wie man in der DDR an Baumaterial rankommt. Eine für damalige Verhältnisse sehr mutige Satire. Denn sie hatte natürlich den durchaus ernsten Hintergrund, dass man als privater Bauherr im Osten tricksen, buckeln und betrügen musste, um wenigstens an ein bisschen Baumaterial zu kommen. Es war meine einzige größere Rolle beim Film, trotzdem blieb ich der DEFA treu. Ich fing als „Hänger-Mieze" an, so nannte man das dort. In einem Hänger neben dem Set machten wir Essen für die Schauspieler und den Drehstab. Heute würde man zu dem Job „Catering" sagen. Nur war damals mehr Erfindungsreichtum gefragt. Wir drehten ja nicht nur in der

Linda Boelke in den 70er Jahren

Stadt, sondern oft irgendwo im Osten, auf dem flachen Land. Da standen wir dann zum Beispiel in der Pampa an der Ostsee und sollten Essen und Trinken für ein paar Dutzend verwöhnte DEFA-Mäuler organisieren. Die Touristen dort in ihren Hotels hatten natürlich ihre Verpflegung, aber auch bei denen waren die Brötchen abgezählt. Unser Sonderbedarf war im Plan gar nicht vorgesehen. Ich klapperte die Fleischereien und die Bäcker ab, auf der Suche nach Schnitzel, Kuchen und Buletten. Dabei kam es oft zu kuriosen Situationen: ich verfolgte den Bäcker bis in sein Schlafzimmer und musste mich, um mit dem Metzger „unter vier Augen" reden zu können, an einer Riesendogge vorbeidrükken. Mit viel Überredungskunst und meinem charmantesten Lächeln erreichte ich fast immer, was ich wollte. Wenn es wirklich mal nicht half, dann sagte ich, dass ich von der DEFA wäre und für die Versorgung des Drehstabes verantwortlich sei. Das öffnete dann doch alle Herzen bzw. Türen. Die Stars von der DEFA, Jürgen Frohriep, Ulrich Thein, Dietrich Körner, Walter Plathe, Günter Naumann, Günter Schubert, Jürgen Zartmann, Gunter Schoß oder Regina Beyer, Walfriede Schmitt - bei mir aßen sie zu Mittag oder holten sich ihren Kaffee in der Drehpause. Und waren hoffentlich zufrieden. Zumindestens hatten sie für ihr „Füchschen", so war mein Spitzname, immer nur Lob übrig. Mitte der 80er Jahre war ich als Hänger-Mieze bei den Dreh-Arbeiten zu dem DEFA-Film „Sachsens Glanz und Preussens Gloria" in Dresden. Am Wochenende machte ich mit einigen Mitgliedern der Film-Crew einen Abstecher nach Prag. Abends ging ich vom Hotel noch ganz allein in eine Kneipe in die Altstadt. Nun - am Tresen blieb ich natürlich nicht lange allein. Es wurde ein ziemlich langer Abend, der bei Josef endete.

Einem attraktiven jungen Mann, der als Rezeptionist im Hotel Intercontinental arbeitete. Eine Freundschaft, die mir später beinahe zum Verhängnis wurde...

Ein falscher Freund brachte mich in die Fänge der Stasi

Ein paar Monate später war ich wieder in Prag, ich wohnte bei Josef. Auf der Rückfahrt in die DDR wollte er mitkommen. Er müsse noch nach Leipzig, um irgendetwas zu erledigen, mehr wollte er nicht erzählen. Wir fuhren bis Leipzig und stiegen am Bahnhof ins Taxi. Josef drehte sich dauernd um, als ob wir verfolgt würden. Dann klapperten wir mehrere Adressen in der Stadt ab. Keine Ahnung, was er mit den Leuten besprochen hat. Am nächsten Morgen fuhren wir weiter nach Potsdam, in meine Wohnung. Dort rückte er damit raus, wieso er eigentlich in die DDR gekommen war. Er zog eine Tüte aus der Tasche, gefüllt mit goldenem Schmuck und Münzen. In einem weiteren Beutel war eine ganze Handvoll Zahngold. Er sagte, jeder dieser Beutel sei 20 000 Ost-Mark wert. Und ich als DDR-Bürgerin solle damit zur Münze nach Berlin gehen und das Zeug dort verkaufen. Das war mir nun sehr ulkig. Ich fragte erst mal vertraulich einen Kollegen von der DEFA, was ich nun machen sollte. Einen, von dem ich dachte, dass man ihm vertrauen könne. Ich ahnte nicht, dass ich geradewegs in die Falle laufen würde. Der Kollege bat mich, in 14 Tagen wieder vorbeizuschauen, da er bis dahin die Beutel verkauft haben wollte. Wir sollten mittags zu ihm privat in die Wohnung kommen, was mich schon sehr wunderte, denn mittags hätte er eigentlich arbeiten müssen. Wir waren noch nicht so richtig in der

Wohnung drin, da klickten auch schon die Handschellen. Die Herren in Zivil sagten, sie kämen vom Zoll, wir sollten mitkommen wegen Devisenvergehens. Ich dachte: Na, da biste jetzt in eine Geschichte reingeraten! Sie brachten uns auf eine Dienststelle vom Zoll in Potsdam, dort saß ich bis abends um 8 oder 9 Uhr und wurde verhört. Josef wurde von mir getrennt. Ich habe ihn nie mehr wieder gesehen, ich weiß nicht, was aus ihm geworden ist. Die Zoll-Leute drohten mir: Ich solle alles erzählen, was ich weiß, sonst würde ich mit ihm auf der Anklagebank landen. Klar, habe ich denen alles erzählt. Soviel wusste ich ja auch gar nicht. Die ganze Zeit saß noch einer in Zivil hinter mir im Zimmer, der so eine Art Chef von denen zu sein schien. Irgendwann ließen mich die Zoll-Leute mit diesem Mann allein. Er stellte sich daraufhin höflich als Offizier der Staatssicherheit vor. Und bot an, mir aus der Patsche zu helfen. Diese leidige Sache mit dem Devisenvergehen sei für mich erledigt. Er würde als Gegenleistung aber erwarten, dass ich ihnen dafür gelegentlich Informationen gebe. Ich sei ja nun beim Film, dauernd in der ganzen DDR unterwegs und würde viele interessante Leute treffen. Derzeit zum Beispiel sei das Drehteam in Jena, da gäbe es auch viel Interessantes, ob ich denn dort nicht abends einige Studentenkneipen besuchen könnte. Es gäbe dort eine Gruppe von irgendwie auffälligen Studenten, über die man gerne näheres erfahren würde.

Wie ich aus der Sache wieder heil rauskam

Also, mit der Stasi hatte ja nun keiner gerne zu tun. Ich habe mich natürlich erst mal rausgeredet und ihm gesagt: „Guter Mann, wie stellen sie sich das vor, so „nebenbei", ich arbeite doch von morgens bis spät abends, sie haben ja keine Ahnung!" Zu meiner eigenen Überraschung durfte ich an diesem Abend nach Hause gehen. Mir war aber natürlich klar, dass es damit nicht getan sein würde. So lange unsere Dreharbeiten in Jena noch dauerten, ließen die mich zwar tatsächlich in Ruhe. Kaum war ich aber wieder in meiner Wohnung in Potsdam-Babelsberg, kam dieser Offizier bei mir zuhause vorbei. Er fragte, wenn schon nicht in den Studentenkneipen in Jena, dann könnte ich doch regelmäßig in der Bar vom Interhotel Potsdam verkehren und ihm berichten, was dort so los wäre. Ich muss ehrlich sagen, ich habe mich nicht getraut, den Mann einfach hinauszuwerfen. Ich versuchte, mich rauszureden: Wie er sich das überhaupt so vorstelle, ich hätte gerade keine Zeit, würde mich da gar nicht reintrauen! Außerdem hätte ich nicht so viel Geld, um diese teuren Barbesuche zu finanzieren. „Darüber müssen sie sich keine Sorgen machen, wir regeln das schon", war die Antwort. Ich fühlte mich furchtbar unter Druck. Dazu kam, dass es mir gesundheitlich in dieser Zeit nicht so gut ging. Ich hatte über Jahre viel zu viele Schlaftabletten geschluckt, war davon abhängig geworden. Kurz nach Ende der Dreharbeiten zu „Sachsens Glanz und Preußens Gloria" hatte ich mal zusammengerechnet, was ich in der Zeit, nicht mehr als ein dreiviertel Jahr, so konsumiert hatte und kam auf über 3000 Schlaftabletten. Das hat mich derart schockiert, dass ich sofort damit aufhören wollte. Das ging natürlich nicht so einfach, denn ich bekam sofort schwere Entzugserscheinungen wie ein Alkoholiker. Deshalb war ich bei einem Psychologen in Potsdam in Behandlung. Nun, diese Stasi-Leute blieben hartnäckig. Ich erinnere mich noch an mehrere Treffen. Jedes mal warfen sie mir einen Zettel in meinen Briefkasten, in dem sie um Anruf baten. Telefonisch bestellten sie mich dann zum Treff. Einmal sollte ich in ein Zimmer im Schloss Cecilienhof kommen. Dort saß mir nicht nur der mir schon bekannte Offizier, sondern noch ein zweiter Mann gegenüber, offenbar der Chef. Die beiden redeten noch mal auf mich ein, wollten mich weich kochen. Mir war klar, dass meine ganzen Ausreden nichts zählten. Ich traute mich zunächst nicht, einfach Nein zu sagen. Wer konnte denn ahnen, was die noch in Reserve haben? Es war wirklich zum Verzweifeln. Ich wollte nicht für die arbeiten, schon weil ich kein ausgesprochener Staats-Freund war. Ich meine, es gab da ein paar Sachen im Osten, die fand ich nicht schlecht. Aber viele andere Dinge passten mir nun überhaupt nicht. Ich sprach meine Bedenken ganz offen aus: Ich kann den Menschen doch nicht so ins Gesicht lügen! Wenn man Menschen ausspioniert, dann ist das doch ein großer Vertrauensmissbrauch. Denn das ist es doch: Man horcht die Leute aus und tratscht das hintenrum weiter. Und möglicherweise haut das den Opfern noch die Beine weg. Wieso muten sie ausgerechnet mir zu, so einen Job zu machen? Wo sie doch so genau wissen, dass ich nicht so eine rote Socke bin! Die ließen sich nicht davon beeindrucken. Als Bürgerin der DDR müsse ich doch für meinen Staat eintreten, argumentierten sie. Ich glaube, alleine wäre ich da nicht mehr rausgekommen. Ich wusste mir echt nicht zu helfen. Ich wusste ja nun auch nicht, was die tun, wenn man nicht mitmacht. Man hörte ja nur immer, die haben Mittel und Methoden. Und sie ließen bei mir einfach nicht locker. Als der nächste Zettel in meinem Briefkasten lag, ging ich völlig verzweifelt in die Praxis meines Psychologen, bei dem ich wegen meiner Tablettenabhängigkeit in Behandlung war. Dem habe ich mich offenbart. Ich sagte: Ich weiß nicht mehr, was ich machen soll, ich wache nachts schweißgebadet auf, ich habe Herzrasen, ich habe Angst. Mein Doktor blieb ganz kühl. Er riet mir: Passen Sie auf, wenn Sie das nächste Mal zu denen hingehen, dann sagen Sie denen, dass wir beide miteinander darüber gesprochen haben, das wird denen schon mal gar nicht passen. Und wenn das immer noch nicht helfen sollte, dann bestätige ich Ihnen schriftlich, dass Sie bei mir in Behandlung sind und psychisch für die Dienste der Stasi nicht geeignet sind. Na, das Schreiben habe ich gar nicht gebraucht. Ich habe beim nächsten Treff gesagt, dass ich mich meinem Arzt offenbart habe. Und schwupp, war der Herr von der Stasi draußen. Ich habe nie wieder von denen gehört.

Wie mein Leben weiterging

Hatte das für mich negative Folgen? Eigentlich keine! Ich kriegte eine Weile kein Visum für Ungarn. Und 1987 bekam ich keine Genehmigung, zum 80. Geburtstag meiner Großmutter Charlotte nach Frankfurt am Main zu reisen. Ich bin mir aber noch nicht mal sicher, ob das mit meiner Verweigerung bei der Stasi zusammenhing. Als ich nämlich im nächsten Jahr, bei Omis 81. Geburtstag, wieder einen Reiseantrag stellte, durfte ich anstandslos rüber. Es war meine erste Reise in den Westen und ich war schwer beeindruckt, was dort alles auf mich einstürmte. Damals waren die Wessis ja noch freundlich und freigiebig mit ihren Brüdern und Schwestern aus dem Osten. Trotzdem war ich froh, als es nach 10 Tagen wieder nach Hause ging. In den Monaten darauf hatte ich das Gefühl, dass es für uns im Osten immer enger wird. Mir wurde immer klarer, dass ich die nächste Reise dazu nützen würde, im Westen zu bleiben. Für Juni 1989 bekam ich erneut eine Genehmigung, nach Frankfurt/Main zu fahren. Ich steckte schon Monate vorher in Vorbereitungen, verschenkte Möbel und Kleidung an Freunde, suchte einen Platz für meinen Hund. Meine ganzen Freunde wussten Bescheid. Ich habe sie ein paar Tage vor meiner Abreise sogar noch zu einer Abschiedsparty eingeladen. Da flossen viele Tränen. Keiner von ihnen hat meine Flucht verraten.

Ich meldete mich als Übersiedler im Lager Giessen und fing in Frankfurt am Main ein neues Leben an. Vom Mauerfall hörte ich beim Urlaub auf den Kanarischen Inseln. Ich habe mich sehr für die „Ossis" gefreut, war doch selbst mal einer. So schnell ich konnte, bin ich wieder „rüber" gefahren, aber nicht um zu bleiben, sondern um meinen Hund zu mir zurückzuholen. Ich glaubte auch, ich hätte dort beruflich schlechtere Perspektiven. Heute lebe ich im hessischen Hanau, habe einen großen Freundes- und Bekanntenkreis und arbeite sehr erfolgreich als Handelsvertreterin. Es sieht aber so aus, dass ich in Zukunft wieder mehr in den neuen Bundesländern zu tun haben werde. Dann wächst vielleicht wirklich zusammen, was zusammen gehört. Ich freu mich drauf!

*

Analysen
&
Forschungsergebnisse

Helmut Müller-Enbergs,

Über Ja-Sager und Nein-Sager – Inoffizielle Mitarbeiter und stille Verweigerer

Noch vor wenigen Jahren hießen sie „Spitzel", „Denunzianten" oder „Kundschafter". Mit der deutschen Einheit hat sich die Bezeichnung „inoffizielle Mitarbeiter" (IM) für die heimlichen Zuträger des Ministeriums für Staatssicherheit (MfS) etabliert. Sie waren das Hauptinstrument der Überwachung in der DDR. Darüber hinaus ersetzten sie, was in demokratischen Staaten eine offene Gesellschaft, unabhängige Medien und Demoskopie darstellen: Informationen über Stimmungen und Meinungen in der Bevölkerung. Die SED-Führung wollte stets über den Grad ihrer Machtgefährdung und der Lage in der DDR unterrichtet sein. Zugleich hatten IM tatsächlich über „staatsfeindliche" Bestrebungen zu ermitteln, was beim MfS „politisch-ideologische Diversion" bzw. „politische Untergrundtätigkeit" hieß. Der Bogen hierfür war weit gespannt und reichte von einer privaten Meinungsäußerung bis hin zu politischen Aktivitäten. Überdies sollten sie, wenn auch selten, direkt auf gesellschaftliche Entwicklungen oder Personen durch Wort und Tat einwirken. Das konnte auch im Einzelfall bis zum Auftragsmord reichen. Diese unsichtbare Schattenarmee war das wichtigste Repressionsinstrument in der DDR, ohne dass die Staatssicherheit tatsächlich arbeitsunfähig gewesen wäre. Sie war der Atem für die MfS-Lunge, wie ein Minister einmal erklärte: „Unser IM-Bestand, das sind unsere Atmungsorgane und ohne diese Atmungsorgane können wir nicht leben und nicht arbeiten". Denn anders als die Geheime Staatspolizei im Dritten Reich konnte sich die Staatssicherheit kaum auf „Denunzianten" stützen, die unaufgefordert die Diktatur informierten, vielmehr mußte die Staatssicherheit gezielt ein solches Netz aufbauen.

Die Dimension des Netzes an aktiven IM, über das allein das MfS verfügte, muß, wenn nicht den Atem rauben, dann zumindest aber irritieren: Die IM wurden auf bestimmte Schwerpunkte angesetzt, von denen tatsächliche oder vermeintliche Gefahren ausgehen konnten. Diese Objekte, Territorien, Bereiche oder Personen waren so zahlreich, dass die geheimpolizeiliche Durchdringung tendenziell den Charakter einer flächendeckenden Überwachung annahm. Bereits von Beginn an lautete die Devise des MfS: „Wenn wir gute IM haben, müssen wir das Gras wachsen hören. Wir müssen überhaupt alles wissen". Dies ist ihr zwar in der Praxis nicht gelungen, aber die DDR-Gesellschaft lebte stets in dem Bewußtsein, dass die Firma „Horch und Guck" überall präsent war. 174.000 Inoffizielle verzeichnet die Statistik der Geheimpolizei im letzten bilanzierten Geschäftsjahr. Das entsprach einen IM auf einhundert Einwohner in der DDR - Säuglinge und Greise mitbedacht. Auf einer Fläche von lediglich einem Quadratkilometer DDR - von der Ostseeküste bis auf den Kamm des Sächsischen Erzgebirges - entfällt ein IM. Dabei handelt es sich hierbei lediglich um eine Momentaufnahme. Werden nun Ein- und Aussteiger dieses Gewerbes einkalkuliert, zeigt sich: In jedem Jahr löschte das MfS etwa zehn Prozent seiner IM als Aktivposten aus den Karteien, um diese überwiegend durch neue IM zu ersetzen. Diese stete Rochade - mal mehr, mal weniger - läßt über die Jahrzehnte hinweg die Annahme zu, es seien in der Summe rund 600.000 Personen zu irgendeinem Zeitpunkt einmal für das

MfS inoffiziell aktiv gewesen.

Dabei beließ es die Staatspartei nicht: Zwei weitere Ministerien verfügten über nachrichtendienstliche Einrichtungen und demzufolge auch über heimliche Zuträger. Das Ministerium für Nationale Verteidigung verzeichnete für die militärische Spionage 138 Bundesbürger und rund 1.000 DDR-Bürger, das Ministerium des Innern bei der Kriminalpolizei 15.000 Kollaborateure. Darüber hinaus verfügte der MfS-eigene Spionagedienst Hauptverwaltung A unter den Bundesbürgern und West-Berlinern über 1.500 Agenten bzw. „Kundschafter des Friedens", wie das damals hieß, die wiederum von geschätzten und bislang nicht genannten 10.000 Bürgern der DDR geheime Unterstützung erfuhren. Kurz: Alles in allem waren für die DDR-Staatsorgane im Herbst 1989 über 200.000 Personen inoffiziell tätig.

Zahlen dieser Art riefen in der deutschen Geschichte stets Leugner auf den Plan. Auch nach dem Nationalsozialismus gab es fleißige Rechner. Die Tradition, den Schrecken klein zu rechnen, scheint nach dem Realsozialismus bei der ehemaligen Generalität des Staatssicherheitsdienstes seine Wiederbelebung zu erfahren. Es seien in der letzten Bilanz des MfS lediglich 109.281 IM verzeichnet gewesen, erklären sie - offenbar wider besseren Wissens. Denn sie zählen nur einen Teil der Inoffiziellen zu den IM, einen anderen lassen sie unter den Tisch fallen.

Betriebsanleitungen für die inoffizielle Arbeit mit Ja-Sagern

Von der Gründung des MfS bis zu seiner Auflösung galten fünf IM-Richtlinien, klammert man Spezialrichtlinien aus. Sie alle enthalten - in unterschiedlicher Differenziertheit - definitorische Festlegungen zur Funktion von IM, Handlungsanweisungen zu ihrer Gewinnung und der Arbeit mit ihnen. Diese Richtlinien sehen Bestimmungen zur Suche, „Aufklärung", Kontaktierung, Werbung von IM und zu ihrer Einführung in die inoffizielle Arbeit vor. Grundsätzlich sollte die Werbung darauf abzielen, einen IM für eine bestimmte, schon vorab relativ genaue Aufgabe zu gewinnen. Bei der Suche und Auswahl hatte der Führungsoffizier also von vornherein von den Anforderungen an den künftigen Kandidaten auszugehen und nicht etwa umgekehrt, das heißt, für einen gewonnenen IM eine passende Aufgabe zu finden. Bei der heimlichen „Aufklärung" des Kandidaten waren Eignung, Zuverlässigkeit und Ehrlichkeit sowie die möglichen Motive zur inoffiziellen Arbeit zu prüfen. Die Analyse sollte Lebensweg, Leistungen, Verhaltensweisen, Einstellungen und Beziehungen erhellen sowie über Interessen, Bedürfnisse und Anknüpfungspunkte Aufschluß geben. Die konspirative Kontaktaufnahme durch den Führungsoffizier - die nächste Stufe - hatte zum Ziel, aktuelle Informationen über den potentiellen IM zu beschaffen, ein Vertrauensverhältnis zu ihm aufzubauen und unmittelbaren Einfluß auf die Art der geplanten Zusammenarbeit zu nehmen. War ein positives Ergebnis zu erwarten, hatte ein schriftlicher Vorschlag des Führungsoffiziers zur Werbung zu erfolgen, in dem alle wesentlichen Erkenntnisse zusammengefaßt, die Funktion des IM, seine Einsatzmöglichkeiten und der geplante Werbevorgang bestimmt wurden. Als Abschluß der Werbung hatten Kandidaten im Regelfall ihre innere Bereitschaft zur inoffiziellen Arbeit schriftlich oder mündlich zu bekunden und einen Decknamen zu wählen. Weiterhin sahen die Richtlinien vor, dass die Art der zukünftigen Verbindungsaufnahme festgelegt und auch schon ein Auftrag vergeben werden sollte. Der Führungsoffizier hatte das Verpflichtungsgespräch dann in einem eigenen Bericht zu analysieren. Geworbene Kandidaten erhielten nach einem genau festgelegten administrativen Verfahren schließlich den IM-Status, den Begriff IM kannten sie nicht.

Hinsichtlich der Arbeit mit IM enthalten die Richtlinien Normen zur Erziehung und Befähigung, Auftragsvergabe und Berichterstattung, Überprüfung, Treffen, Verbindung sowie Abbruch der Kooperation. Die Erziehung des IM zielte auf die Vermittlung eines plausiblen Feindbildes und auf die Stärkung der Bereitschaft zur Auftragserfüllung; konspiratives Arbeiten und spezifische Fähigkeiten waren zu entwickeln. Personen- oder sachbezogene Aufträge sollten erteilt und mit Detailinstruktionen versehen werden. Die IM sollten erst mündlich und anschließend schriftlich berichten. In den Treffberichten der Führungsoffiziere waren das Verhalten des IM darzustellen, die Ergebnisse der Spitzeltätigkeit zu analysieren und Hinweise auf sichtbar gewordene Probleme zu geben. Ehrlichkeit und Zuverlässigkeit der IM sollten regelmäßig überprüft werden. Die Treffen mit ihnen waren sorgfältig vorzubereiten, in konspirativen Wohnungen durchzuführen und auszuwerten. Der Führungsoffizier war gehalten, zu seinen IM eine stabile Verbindung aufzubauen und zu unterhalten, die jedoch aus konspirativen oder persönlichen Gründen beendet werden konnte, so bei Unehrlichkeit, Dekonspiration, Perspektivlosigkeit oder auch bei verweigerter Zusammenarbeit.

In den achtziger Jahren war der durchschnittliche IM meist männlich und zwischen 25 und 40 Jahren alt. Der Anteil der Frauen unter den IM betrug etwa 10 bis 17 Prozent. Etwas weniger als 1.000 IM waren minderjährig, von denen die meisten 16 oder 17 Jahre alt waren, doch gab es auch vereinzelt elfjährige IM. Die Zusammenarbeit währte nicht selten vier bis sechs Jahre.

Die Tätigkeit der IM läßt sich nach drei Aufgabenfeldern unterscheiden. Die überwiegende Zahl sicherte bestimmte Bereiche ab, ein geringer Teil wurde zur „Feindbekämpfung" eingesetzt, und ein weiterer Teil wirkte unterstützend, war gewissermaßen Teil der logistischen Basis.

IM zur Sicherung bestimmter Bereiche wurden primär dort geworben, wo Bürger in den Augen der Staatssicherheit von besonderem Interesse für den „Feind" waren. Ihre berufliche oder gesellschaftliche Stellung sollte diesen IM - auch mit Hilfe ihrer persönlichen Verbindungen - nach Möglichkeit einen breiten Überblick und gute Einflußmöglichkeiten verschaffen. Ihre konspirative Arbeit sollte zur inneren Sicherheit beitragen, vorbeugend und schadenverhütend wirken. Ziel war letztlich eine sichere und umfassende Bewertung und Beherrschung des entsprechenden Bereiches. Dieser Funktionstypus des IM sammelte nicht nur Informationen über Personen oder Ereignisse, sondern arbeitete auch aktiv an Einsätzen des MfS zur Aufklärung von Gesetzesübertretungen und bei bestimmten Maßnahmen mit. Diese IM hatten zuletzt Bezeichnungen wie „IM zur politisch-operativen

Durchdringung des Verantwortungsbereiches" (IMS), „Gesellschaftliche Mitarbeiter für Sicherheit" (GMS), „IM im besonderen Einsatz" (IME) oder „Führungs-IM" (FIM).

Die IM zur aktiven „Feindbekämpfung" waren die hochkarätigen Agenten des MfS in der DDR. Sie sollten bei der direkten „Bearbeitung" von verdächtigen Personen eingesetzt werden. Diese IM hatten „Feinde" zu überprüfen, zu beobachten und gegen sie zu ermitteln, um dadurch Kenntnisse über deren Pläne, Maßnahmen und Methoden zu erlangen. Daneben war es ihre Aufgabe, Beweise für „Feindtätigkeit" zu gewinnen, und bei der „Zersetzung", Zerschlagung oder Zurückdrängung von „Feinden" beizutragen. Sie konnten auch im Auftrag der Staatssicherheit Verbindungen zu gegnerischen Nachrichtendiensten unterhalten. Zuletzt hießen diese 3.900 „IM der Abwehr mit Feindverbindung bzw. zur unmittelbaren Bearbeitung im Verdacht der Feindtätigkeit stehender Personen".

Einen sehr viel beschränkteren Wirkungskreis als diese Funktionstypen hatten IM für logistische Aufgaben. Sie stellten ein Zimmer, ihre Wohnung oder ihr Haus für konspirative Treffen zwischen IM und Führungsoffizier zur Verfügung oder sicherten solche ab. Für die Kommunikation zwischen IM im „Operationsgebiet" - also vornehmlich in der Bundesrepublik oder West-Berlin - und der Staatssicherheit konnte ihre Adresse oder ihr Telefon benutzt werden. Der Oberbegriff dieses IM-Typus lautet „IM zur Sicherung der Konspiration des Verbindungswesens" (IMK), mit den Unterformen konspirative Wohnung (KW), konspiratives Objekt (KO), Deckadresse (DA), Decktelefon (DT) und Sicherheit (S).

Ja-Sager: Motive

Eine Forschungsarbeit der Staatssicherheit aus dem Jahre 1973 beschäftigte sich mit den Motiven der IM. Darin werden die Motive nach drei Komplexen unterschieden: Überzeugung, Bedürfnisse und Interessen sowie Erpressung. Den Komplex Überzeugung wiederum unterteilte man nach marxistisch-leninistischer, patriotischer, humanistischer, religiöser, moralischer und antikapitalistischer Überzeugung. Das Motiv der Bedürfnisse und Interessen fächerte man in einerseits materielle und soziale und andererseits in geistige Interessen auf. Den Komplex der Erpressung nannte man „Wiedergutmachungs- und Absicherungsbestrebungen" bzw. Werbung „unter Druck", da Normverletzungen der Betroffenen nicht geahndet, sondern durch inoffizielle Arbeit wiedergutgemacht werden sollten. Hatte noch in der Praxis der fünfziger und sechziger Jahre das Arbeiten mit kompromittierenden Erkenntnissen einen hohen Stellenwert, fast so hoch wie politische Überzeugung, so schwand die Bedeutung in den nachfolgenden Jahren zugunsten materieller Anreize. Letzthin galt es für die Staatssicherheit als erstrebenswert, die Basis der Kooperation mit den IM auf politische Überzeugung gründen zu können. Die Führungsoffiziere waren aufgefordert, möglichst präzise die psychologische Disposition der Kandidaten zu untersuchen und sehr genau mögliche Motive zur Kollaboration herauszufinden. Damit war es offenbar nicht weit her: Die Staatssicherheit kam zu dem Ergebnis, dass lediglich in 15 Prozent der Fälle begründete Kenntnisse über Zuverlässigkeit und Ehrlichkeit der Kandidaten vorhanden waren. 80 Prozent der Beurteilungen waren vom Schreibtisch aus erfolgt, und in 35 Prozent der Fälle fehlten „alle die Persönlichkeit betreffenden Angaben über Gewinnungsmöglichkeiten". [1]

Eine Bindung mit dem MfS einzugehen, war keine Selbstverständlichkeit - gesellschaftlich gesehen war „Spitzeltätigkeit" anrüchig. Die daraus resultierende Hemmung, IM zu werden, mußte folglich durch Motive überlagert werden, was zwar die Regel war, doch Ausnahmen zuließ: Manch ein Genosse wunderte sich, dass er von der Staatssicherheit nicht gerufen wurde. Bislang sind in den Akten folgende Motive für die inoffizielle Arbeit aufgefunden worden: Gefühle und Stimmungen waren mitunter von Bedeutung: „Ich war vorher entwurzelt. Und die Stasi hat mir die Wurzeln gegeben. Die hat mir scheinbar Geborgenheit gegeben", äußerte einmal ein IM. Wenn auch Gefühle und Stimmungen nicht als das Hauptmotiv angesehen werden können, so haben sie doch ein Vertrauensverhältnis des Kandidaten zum Führungsoffizier begünstigt, an das in weiteren Gesprächen angeknüpft werden konnte.

Bedeutender waren allerdings die Interessen der Kandidaten. Für einige IM war das Interesse maßgebend, dabei mitzuhelfen, politische oder wirtschaftliche Probleme zu lösen. Sie glaubten in der Staatssicherheit die einzig wirksame Instanz zu sehen. Der Wunsch, die Staatssicherheit möge über die wirkliche Einstellung in der Bevölkerung informiert sein, war zumeist mit dem Motiv verbunden, dass sich die Politik den Gegebenheiten anpassen sollte. Insbesondere die sowjetische Reformpolitik und deren Ablehnung durch

---

1. Vgl. Warum wird einer IM? Zur Motivation bei der inoffiziellen Zusammenarbeit mit dem Staatssicherheitsdienst. In: Klaus Behnke/Jürgen Fuchs (Hrsg.): Zersetzung der Seele. Psychologie und Psychiatrie im Dienste der Stasi, Hamburg 1995, S. 102-129.

die SED-Führung vermochte die (irrige) Hoffnung zu stützen, die Staatssicherheit werde darauf reformerischen Einfluß nehmen. Im Vergleich dazu waren jedoch persönliche Interessen wesentlich stärker ausgeprägt. Die Aussicht, Unterstützung bei privaten Hobbys, bei dem Erwerb von „Luxusgütern" bis hin zur Ermöglichung von Reisen zu erhalten, war ein ebenso spürbarer Anreiz zur inoffiziellen Arbeit wie auch das Entlasten von materiellem Druck.

Wie schon angedeutet, wurde die inoffizielle Arbeit verschiedentlich als selbstverständlich angesehen, die Kandidaten waren mit dem Staat einverstanden. Solch ein Motiv war für die Staatssicherheit ideal. Darüber hinaus vermochten eine ganze Reihe weiterer Einstellungen die Arbeit zu motivieren, wobei dann nur einzelne Aspekte der Weltanschauung betont wurden, von denen man meinte, die DDR fördere und bediene sie, eine Unterstützung des Staatssicherheitsdienstes sei daher hilfreich. So etwa die Einstellung, die DDR-Friedenspolitik, die Politik der Koexistenz, die sozialistische Verfassung oder die Treue zum eigenen Staat sei notwendig und richtig; oder das patriotische Empfinden, die Heimat zu schützen, mit Stolz DDR-Bürger zu sein. Weiterhin konnte die Ansicht motivbildend sein, in der DDR den gesellschaftlichen Fortschritt zu sehen oder einen Staat, der besonders dem Wohl der Menschen und dem Frieden zugetan sei. Dabei sahen sich manche Ärzte oder Wissenschaftler durch das Berufsethos, aber auch Menschen mit christlichen Einstellungen und Werten zur inoffiziellen Arbeit veranlaßt. Andere fühlten sich durch sittliche Normen wie etwa Gerechtigkeit, Gleichberechtigung oder Freiheit motiviert. Oder auch die Ablehnung von „faschistischen" oder „kapitalistischen" Ordnungsmodellen, oder die Abneigung gegen gesellschaftliche Probleme wie Kriminalität, Drogen und Arbeitslosigkeit, wo hingegen die DDR sich vergleichsweise günstig abhöbe. Aus solchen Abneigungen und Ablehnungen speisten sich Feindbilder, vom MfS als besonders geeignetes Motiv angesehen.

Als nützlich erwiesen sich für die Staatssicherheit auch persönliche Konfliktsituationen von Menschen. In Konfliktsituationen wird nach Entscheidungen gesucht. Ob beruflich oder privat, mit dem Ehepartner oder dem Freund, Konflikte boten einen Anknüpfungspunkt. War die Situation unübersichtlich oder kaum lösbar, konnte sich das MfS als anscheinend heilsbringender Partner andienen.

In den Akten finden sich auch Beispiele für das aktive Motiv der Aggression: Berufliche Stagnation, Neid, Mißmut über Kollegen und andere Dispositionen leisteten dem Motiv Aggression Vorschub. Zuweilen konnte das recht starke Züge annehmen. In einem Fall empfand der IM „persönliche Genugtuung, weil ein Feind überführt werden konnte".

Die Erwartung, durch Leistungen bei der inoffiziellen Arbeit belohnt zu werden, war ein wichtiges Motiv. Wenn es auch in enger Verwandtschaft zum Motiv Interesse steht, so sind jedoch weniger materielle Güter gemeint, sondern beispielsweise die vom MfS geförderte Berufskarriere, der soziale Status oder die gesellschaftliche Funktion.

Von großem Interesse ist es freilich, zu erfahren, in welchem Verhältnis die verschiedenen Motive bei den IM zueinander standen. Eine Untersuchung der Staatssicherheit kam zu dem Ergebnis, dass 61 Prozent der IM das „gesellschaftliche Erfordernis" erkannt hätten, 49 Prozent ein „sittliches Pflichterleben und Gewissenszwang". Persönliche Vorteilserwägungen nannten 27, „lebenspraktische Zielsetzungen" 40 und „Selbstzweckmotivationen" zwölf Prozent. Der überwiegende Anteil der befragten IM gab also „politisch-ideologische Faktoren" als ausschlaggebend für die inoffizielle Arbeit an.

Mögen die Motive das Handeln der IM verständlich machen, legitimieren tun sie es nicht. Die Motive können zwar als Anhaltspunkt für den Grad der Verantwortlichkeit des IM und zu dessen Bewertung herangezogen werden, entscheidender ist vielmehr die Wirkung der IM-Handlungen selbst; also die Frage danach: Wem nützten und wem schadeten sie.

„Nein-Sager: Verweigerungsstrategien"

Der hier stets verwendete Begriff „Verweigerer" und „Verweigerung" wurde bewußt gewählt. Im historischen Wortsinn ist „weigern" mit widerstrebend, tollkühn, streiten und kämpfen zu sehen. Sie sind verwandt mit besiegen, bezwingen und nicht gewähren. „Verweigern" ist also offensiver als das schlichte „ablehnen"; es entspricht noch am ehesten der psychischen Situation der Betroffenen.

Die tatsächlichen Verweigerungsgründe konkret zu benennen, ist teilweise schwierig. Einerseits können die Motive mitunter nur erahnt werden, denn überliefert ist in den Akten in der Regel nur die Sichtweise der Führungsoffiziere. Es hing von deren Vermögen und Fähigkeiten ab, die oftmals vielschichtigen Beweggründe der Kandidaten für diesen Schritt zu verstehen, und mehr noch, diese auch präzise niederzulegen. Damit war es oft nicht weit her.

Aus den Akten wird eine breite Palette von Verweigerungsvarianten ersichtlich, vom offensiven „Nein" bis zum lavierenden Entziehen und Ausweichen. Häufig vermischen sich die Verhaltensformen und verweisen auf mehrere Motive.[2]

Dem Anschein nach haben nur wenige Personen auf unmiß-verständliche Weise ihre Ablehnung zum Ausdruck gebracht. Es deutet einiges darauf hin, dass von der rigorosen Verweigerung in vierzig Jahren DDR-Geschichte unterschiedlicher Gebrauch gemacht wurde. Vermutlich war sie in den siebziger Jahren schwächer ausgeprägt als Ende der achtziger Jahre, was sicher im Zusammenhang mit der gesellschaftlichen Akzeptanz der politischen Führung und dem Bild von der Staatssicherheit zu sehen ist. Sehr selten sind in den Akten strikte Aussagen zu finden, wie etwa: „Mit der roten Gestapo arbeite ich nicht zusammen."

Mut und Entschlossenheit der Kandidaten gingen zuweilen einher mit der Angst vor den Folgen des „Nein", was häufig dazu führte, erst mit Ausreden das Ansinnen der Staatssicherheit abzuwehren, und schließlich direkt zu verweigern.

Ein der erfolgreichsten Methoden, sich der inoffiziellen Arbeit für die Staatssicherheit zu entziehen, war die Entzauberung des Geheimen, das Öffentlichmachen dieses Vorganges selbst. In jedem dieser Fälle zog sich der Staatssicherheitsdienst vom Kandidaten zurück. Diese häufiger angewandte Methode muß für die Tschekisten eine Wirkung gehabt haben ähnlich der von Knoblauch und Kreuz für den blutdürstigen Dracula, der wie sie zudem das Licht scheute. Nahezu alle Führungsoffiziere versuchten einer Dekonspiration vorzubeugen, indem sie die Kandidaten zur Verschwiegenheit verpflichteten. Manchmal verlangten sie eine schriftliche Schweigeverpflichtung, die keineswegs mit einer Bereitschaftserklärung zur inoffiziellen Arbeit zu ver-

2.   Vgl. Zur Kunst der Verweigerung. Warum Bürger nicht mit dem Ministerium für Staatssicherheit kooperieren wollten, in: Ingrid Kerz-Rühling/Thomas Plänkers (Hrsg.): Sozialistische Diktatur und psychische Folgen. Psychoanalytisch-psychologische Untersuchungen in Ostdeutschland und Tschechien, Tübingen 2000, S. 165-195.

wechseln ist. So tauchen in den Akten mitunter Fälle auf, in denen die Kandidaten auf strafrechtliche Folgen einer Dekonspiration hingewiesen worden waren. Das war jedoch, mindestens seit den sechziger Jahren „nur" von psychologischer, nicht von tatsächlicher Bedeutung. Es gibt Hinweise, dass dekonspirierte IM in den fünfziger Jahren wegen „Geheimnisverrats" verurteilt wurden. Die Androhung strafrechtlicher Konsequenzen gehörte bereits in den zwanziger Jahren zur Praxis der Tscheka.

In dem Quellenmaterial gibt es zahlreiche Beispiele dafür, nach denen Kandidaten erklärt haben, jederzeit im Rahmen ihrer dienstlichen Tätigkeit zu einer offiziellen, also allgemein bekannten Zusammenarbeit bereit zu sein, aber die konspirative Arbeitsweise rigoros ablehnten. In gewisser Weise war das eine diplomatisch verpackte Variante, bei der die Ablehnung durch guten Willen kaschiert wurde.

Im Gegensatz zur Bevölkerung haben die Mitarbeiter des Staatssicherheitsdienstes ihre Arbeit und das, was sie von den IM verlangten, nicht als „Spitzelei" bezeichnet. Dennoch wurden sie häufig mit diesem Vorwurf konfrontiert. Die Befürchtung, durch die geheime Zusammenarbeit „gute Freunde zu verlieren", war verbreitet. Neben diesem Anliegen gab es eine Reihe psychologischer Motive zur Verweigerung. Manch einer konnte vor Unbehagen nicht mehr richtig schlafen und litt darunter. Eine nicht unerhebliche Rolle spielten in diesem Zusammenhang religiös bedingte Vorbehalte.

Bemühten sich die meisten Verweigerer, sicherheitshalber ihr Wohlwollen gegenüber dem Staat und dem Anliegen der Staatssicherheit zu bekunden, legten andere die Karten auf den Tisch. Manch einer bekundete offen seine „negative" Einstellung zum Staat. In den Akten finden sich Äußerungen wie „Ihr scheiß KZ-Wächter" oder, verhaltener, Berichte über „schlechte Erfahrungen" mit ihm.

Auch Parteimitglieder haben sich zuweilen verweigert. Im Quellenmaterial lassen sich zahlreiche Beispiele finden, wonach Kandidaten ihre Mitgliedschaft in der SED als Ablehnungsgrund vorbrachten. Etwa, wenn dem Führungsoffizier mitgeteilt wird, dass „bei der Feststellung von Pflichtverletzungen, Vorkommnissen und ähnlich gelagerten Fällen die übergeordnete bzw. Parteileitung" unterrichtet werde; außerdem sich aus dem Parteistatut keine Verpflichtung zur Kooperation mit dem MfS ableiten lasse.

Es fiel manch einem schwer, dem Führungsoffizier im Gespräch eine Absage zu erteilen, weshalb mitunter die Strategie des sich Entziehens verfolgt wurde. Bei einer direkten Begegnung wurde ein richtiges Treffen in Aussicht gestellt, zu dem der Kandidat dann tatsächlich nicht erschien. Eine abgeschwächte Form hierzu ist die Abgabe von sehr mageren, beinahe nichtssagenden Stellungnahmen oder sehr günstigen Personenbeschreibungen.

Der Staatssicherheitsdienst stand im Ruf, viele Möglichkeiten zu besitzen. Und wer sich mit ihm verbündete, hoffte vielleicht auch, dass seine Interessen befördert wurden, etwa ein Ausreisewunsch. Blieb gewissermaßen die Geschäftsgrundlage unerfüllt, konnte dies Anlaß für die Aufkündigung des inoffiziellen Paktes sein. Im übrigen war die Akzeptanz, gegen den „Gegner" im Ausland zu arbeiten, oftmals höher ausgeprägt, als die Bereitschaft zur inoffiziellen Arbeit im eigenen sozialen Umfeld.

Phantasie und Argumente der verweigernden Kandidaten waren nahezu grenzenlos. Sie vollständig aufzuzählen ist unmöglich: Der eine hatte keine Lust, die Staatssicherheit in der Freizeit zu unterstützen, der andere hielt sich nicht für den „Richtigen" oder für ungeeignet. Wiederum andere wollten ihre „Ruhe" haben oder begründeten ihre Ablehnung mit einer Kakteenzucht, wozu die Verbindung zu einem Westdeutschen unterhalten werden mußte, um an Sämlinge zu kommen - einen Kontakt also, den der Kandidat nicht abbrechen wollte.

Das gemeinsame Band zwischen Ja- und Nein-Sagern: Die Angst

Bei Verweigerungen - und sicherlich auch bei erklärter Bereitschaft zur inoffiziellen Arbeit - haben Ängste und psychische Belastungen eine Rolle gespielt. Die Vorstellung, die Staatssicherheit wisse um Verfehlungen und Normverletzungen desjenigen, den sie um Zusammenarbeit anging, war in graduell unterschiedlichem Maß bei jedem Betroffenen vorhanden. Obgleich der Einsatz von kompromittierenden Erkenntnissen als Druckmittel im Abwehrbereich der Staatssicherheit relativ selten vorkam, verfehlten entsprechende Andeutungen ihre Wirkungen zumeist nicht. Die Angst, dass moralische Verfehlungen publik oder Normverletzungen juristisch sanktioniert werden, mußte kein lang anhaltendes Motiv sein, was auch den sparsamen Einsatz mit derartigen Materialien begründete. Für den Einzelnen war jedoch damals nicht unbedingt überschaubar, ob eine Ablehnung der Zusammenarbeit nicht persönliche oder berufliche Konsequenzen nach sich ziehen würde. Manch einer lehnte sie aus dieser Angst heraus nicht ab bzw. mußte diese Angst bezwingen. In den hauseigenen Schriften der Staatssicherheit wird man vergeblich nach dem Motiv Angst suchen, vielmehr verwandte man dort verschämt die Umschreibung „Wiedergutmachung" oder „Rückversicherung": „Von Bedeutung für die Motivierung des Kandidaten", heißt es in einer MfS-Untersuchung, „ist also nicht eine Normverletzung schlechthin, sondern ob es möglich ist, ihm den Schaden, die Verwerflichkeit, die Peinlichkeit u. ä. dieser Normverletzung bewußt zu machen und damit das Bestreben zum Vermeiden bzw. Beseitigen ihrer negativen Folgen zu wecken."

Welche Bedeutung die Angst bei der Zustimmung zur inoffiziellen Arbeit gehabt haben muß, erschließt sich aus einer bemerkenswerten Forschungsarbeit des MfS: Neben anderen Motiven hatten demnach 23 Prozent der Befragten ihre Bereitschaft auf „Druck- und Zwangserlebnisse" zurückgeführt. Das war selbst der Staatssicherheit zu hoch, zumal weitere 22 Prozent der Befragten diese Erlebnisse als Nebenkomponente angegeben haben. Demnach traten fast bei jedem zweiten bei der Aufforderung zur inoffiziellen Arbeit „als innere Faktoren Angst-, Furcht- bzw. Zwangs- oder Druckerlebnisse auf und motivierten das Verhalten mit". Diese Feststellung legt einen weiteren Aspekt nahe: Auch wenn, grundsätzlich betrachtet, jeder Kandidat zwischen Verweigerung und Zustimmung wählen konnte, mußte ein jeder doch die Folgen seiner Entscheidung abwägen, die mitunter durch kompromittierende Umstände erschwert worden sind. Der prinzipiellen Freiheit zur Verweigerung stand das Risiko möglicher Konsequenzen gegenüber. So mochte manche äußerliche Bereitschaft zur inoffiziellen Arbeit mit einer inneren Abwehr einhergehen, die sicherlich auch negative Auswirkungen auf die „Auftragserfüllung" hatte. Das erklärt auch, warum die Staatssicherheit abgebrochenen Beziehungen in den ersten beiden Jahren nach der Rekrutierung große Aufmerksamkeit gewidmet hat.

Fazit

Die Forschung über Menschen, die sich dem Staatssicherheitsdienst verweigerten, steht noch an ihrem Anfang. Die diesbezüglich grundlegende, wissenschaftlich angelegte deutsch-französische Studie von Jean Mondot wird erst in einigen Jahren abgeschlossen sein. Gleichwohl zeichnen sich Konturen ab: Die Ermittlung von Größenordnungen der Verweigerungen stößt recht schnell an analytische Grenzen, sie werden wohl nie exakt zu ermitteln sein. Die „stillen Helden", wie sie mitunter genannt werden, waren manchmal in ihrer Verweigerung rigoros, zumeist aber verschanzten sie sich hinter Hilfsargumenten, wobei wohl häufig nur Zufall war, welches sie vortrugen: Moralische und religiöse Gründe, psychische Belastung, Nichteignung oder gesundheitliche Probleme war die eine Variante. Andere schürzten Bereitschaft vor, sofern die Zusammenarbeit einen offiziellen Charakter trug. Andere hatten innerlich ihre Solidarität mit dem Staat bereits aufgekündigt, mochten für ihn nicht auch noch in der Freizeit tätig sein. Gemeinsam ist fast allen, dass sie nicht über andere Personen berichten wollten. „Anscheißen" sagte der eine, andere nannten es „Spitzeln" oder „in die Pfanne hauen". Die alte Verhaltensmaxime, man solle nicht petzen, war hartnäckiger, als das aufdringliche und hohle Pathos vom Schutz des sozialistischen Staates. Die Techniken der Ablehnung variierten zwischen Drohung, klarer Absage und klammheimlichen Entzug bis hin zu hartnäckigem Ignorieren oder schlichtem Schweigen. Die Kandidaten verbaten sich jeden weiteren Kontaktversuch oder wichen ihm aus und vermieden Zugriffsmöglichkeiten des Führungsoffiziers. Manch einer gab es den Genossen auch schriftlich. Als wirksamstes Mittel erwies sich die „Dekonspiraton".

Sicherlich hatten die meisten Kandidaten Angst vor den Konsequenzen ihrer Verweigerung. Dieser Aspekt schimmert häufig durch. Eine Frau war erklärtermaßen bereit, eher Nachteile in Kauf zu nehmen, als mit dem MfS zusammenzuarbeiten, andere fragten beim Führungsoffizier vorsichtig nach, was nun nach ihrem „Nein" auf sie zukommen würde. Einige Führungsoffiziere verneinten nachteilige Folgen, mancher schwieg und ließ den Kandidaten mit seinen Ängsten allein. An solchen Beispielen wird deutlich, welches Bild Bürger von ihrem Staat und seinem Sicherheitsorgan tatsächlich hatten.

Zu der Frage, wie Verweigerer ihr damaliges Verhalten heute reflektieren und welche Probleme hierbei anzutreffen sind, gibt dieses Buch erste Antworten. Es deutet einiges darauf hin, dass diese Frage von vielen Betroffenen tabuisiert wird. Das Werbungserlebnis wurde als starke Belastung empfunden und wird daher oftmals nur widerwillig erinnert. Mehr noch gibt dieses Buch Anlaß zu der Annahme, dass Betroffene glauben, durch ihre Weigerung zur inoffiziellen Arbeit Nachteile erfahren zu haben. Die weitere Forschung wird sich vor allem dieser Frage annehmen müssen.

Helmut Müller-Enbergs:

geboren 1960; 1985-89 Studium in Münster und Berlin, Dipl.-Pol.; 1998-92 wissenschaftlicher Mitarbeiter an der FU Berlin, seit 1992 wissenschaftlicher Referent der Abteilung Bildung und Forschung der Behörde des Bundesbeauftragten für die Stasi-Unterlagen (Gauck-Behörde). Publikationen: Inoffizielle Mitarbeiter des Ministeriums für Staatssicherheit. Teil 1 (Berlin 1996). Teil 2 (Berlin 1998).

*

Johann Legner,

Meine Akte gehört mir!

Etwas zu bilanzieren, was noch andauert, in vielen Fällen erst beginnt und für so manchen noch in ferner Zukunft liegt, ist nicht einfach. Aber vielleicht sagt das ja schon genug, dass bald dreizehn Jahre nach dem Untergang des Ministeriums für Staatssicherhit Tag für Tag noch Dutzende von Menschen die alten Stasi-Akten sehen wollen – ihre eigenen Akten. Und dass immer mehr die Akten ihrer verstorbenen Eltern und Großeltern beantragen, dass die Nachgeborenen anfangen, ihre Familiengeschichte im Guten wie im Bösen zu rekonstruieren.

Als mit der Erstürmung der Stasi-Gebäude um die Jahreswende von 1989 auf 1990 erstmals die Forderung aufkam, die Akten des berüchtigten Ministeriums für Staatssicherheit herauszugeben, hatte keiner auch nur eine Ahnung davon, welch ein Aufwand mit dieser Forderung verbunden war. „Meine Akte gehört mir" hieß es damals ganz einfach. Aber wer konnte auch wissen, dass sich hinter den Mauern der Stasi weit über 100 Kilometer an diesen nach einem strengen Farbencode verpackten Dossiers angesammelt hatten.

Man wusste damals ja so gut wie gar nichts über diese übermächtige Geheimpolizei der untergehenden DDR. Keiner hatte einen Überblick über dieses Schattenreich von beinahe 100.000 Mitarbeitern, streng militärisch gegliedert, vollständig abgeschirmt von der sowieso schon abgeschotteten Gesellschaft des kommunistisch regierten Ostdeutschlands. Kaum jemand kannte die seltsamen Begriffe wie IM oder Inoffizielle Mitarbeiter für die Spitzel oder KW für die zahllosen konspirativen Wohnungen, in denen diese IM ihre Berichte weitergaben. Und wer konnte ahnen, dass die Stasi Firmen betrieb, dass viele ihrer Offiziere in den Ministerien, in der Polizei oder auch in den Medien saßen - gut getarnt und mit beachtlichen Zusatzgehältern. Denn keiner zahlte so viel wie die Stasi – ein junger Unterleutnant verdiente oft schon mehr als ein Universitätsprofessor.

Aus der Forderung wurde eine brisante politische Debatte, zunächst in der Volkskammer und dann im neuen Bundestag, in dem ab Oktober 1990 auch die Vertreter der neuen Länder saßen. Ganz geheuer war so manchem der Abgeordneten die Aktenöffnung sicher nicht – aber sie war nun mal ein wichtiger Bestandteil des Erbes jener, die in der DDR auf Veränderungen gedrängt hatten. Also wurde aus der Forderung ein Gesetz und mit dem Gesetz entstand eine neue Großbehörde mit über 3000 Mitarbeitern und einem unaussprechlichem Namen: der Bundesbeauftragte für die Unterlagen des Staatssicherheitsdienstes der ehemaligen Deutschen Demokratischen Republik. Und im Januar 1992 saßen dann tatsächlich die ersten vor ihren Akten und studierten das, was die Stasi über sie zu wissen glaubte. Vor allem aber erfuhren die Menschen dann zum ersten mal ganz hautnah, was die Geheimpolizei vor hatte mit ihnen. Was konkret diese Maßnahmenpläne beinhalteten, die aufgestellt wurden, um unliebsame Personen zu kontrollieren, zu kriminalisieren oder – wie es im Stasi-Jargon hieß – zu zersetzen. Und seit diesen Januartagen füllen sich tagtäglich die Lesesäle der Behörde, die noch immer Tausende von Mitarbeitern beschäftigt. Auf den Tischen liegen dann die Originale dieser seltsamen Akten, in der Regel bei fast allen diese zumeist schon vergilbten Anhäufungen von Berichten über die eigene Person, Ergebnisse der „Aufklärungsmaßnahmen", wie die Stasi die Spitzelei umschrieb. Viele davon stammen von den IM, den inoffiziellen Mitarbeitern, den falschen Freunden, die der Geheimpolizei verraten haben, was sie erzählen konnten oder wollten. Und nicht wenige finden dann auch die Dokumente intensiverer Überwachungsmaßnahmen vor sich, die Protokolle ihrer Telefongespräche, die Kopien von Briefen, die sie verschickt oder bekommen hatten oder die Aufzeichnungen der Observationsteams, die ihnen hinterherspionierten. Zugrunde lagen diesen Überwachungsmaßnahmen dann auf die jeweilige Person zugeschnittene Pläne, in denen das Ziel der Anstrengungen auch streng nach Plansoll definiert war.

Was erwächst nun aus solcher Einsicht in die gigantische Maschinerie einer solchen Geheimpolizei? Was lernen die Menschen beim ganz persönlichen Blick auf die Arbeitsergebnisse der angeblich allmächtigen Stasi?
Es mag manchen erstaunen, aber eine der häufigsten Reaktionen ist die des Erstaunens über die vielen Fehler, die die Genossen von der Sicherheit machten. Die, die alles wissen wollten, wussten oft Entscheidendes nicht. Und vieles von dem, was sie mit ungeheurem Aufwand in Erfahrung gebracht hatten, wurde falsch interpretiert. So manche nie gelebte Liebe findet sich in den Stasi-Akten genauso als angebliche Tatsache wie auch die eine oder andere widerständige Handlung, die gar nicht stattfand. Und anderes, was

tatsächlich war und gelebt wurde, fehlt dann wiederum vollständig. Auch hier hilft die Akteneinsicht gegen den verklärenden Blick auf die DDR. Wer in ihr gelebt hat, der kennt diesen grotesken Widerspruch zwischen Anspruch und Wirklichkeit nur zu gut. Der weiß, dass zwischen der Planerfüllung und den Tatsachen immer die breite Kluft der institutionalisierten Lüge klaffte. Darin war das Ministerium für Staatssicherheit nicht anders als vieles in dem untergegangenen Staat.

Aber vieles wusste er dann doch, zumal dann, wenn die Überwachung intensiver betrieben wurde. Und dann kommt das Erschrecken darüber, was ein Staat sich anmaßt an Anspruch auf das Private seiner Untertanen. Denn das Wissen allein genügte ihm ja nicht. Er zog daraus seine Schlussfolgerungen für den weiteren Lebensweg der Menschen, den er bestimmte. Die Berufswahl, die Karriere, die Möglichkeit zu reisen, der Zugang zu Wissen überhaupt – das alles hing auch ab von den Ergebnissen der Schnüffelei. Und das alles nachzulesen und abzugleichen mit der persönlichen Erinnerung, das ist die Akteneinsicht.

Nie zuvor in der Geschichte ist solch ein gigantischer Versuch unternommen worden, das persönliche, private Schicksal und seinen Niederschlag in den Archiven der Macht miteinander in Verbindung zu bringen. Es ist daraus eine ganz eigene Art des Geschichtsunterrichts geworden. Denn die Kopien der Stasi-Akten sind ja in Hunderttausenden von deutschen und keinesfalls nur ostdeutschen Haushalten Bestandteil der wichtigen Familienunterlagen geworden und damit auch Teil des Erbes. Diese Unterlagen werden gelesen, oft auch debattiert, dann weggelegt und dann wieder irgendwann hervorgekramt. Sie sind Gedächtnisstütze, sie untermauern das bereits Erzählte, sie sind oft erst der Anstoß, das Erlebte nicht länger zu verschweigen. Sie nehmen auch die Angst davor, als einer dazustehen, der unglaubliches zum besten gibt. Denn glaubhaft werden für die, die es nicht selbst erlebt haben, viele Geschichten tatsächlich erst, wenn sie schwarz auf weiß und sozusagen amtlich nachzulesen sind. Das Herrschaftswissen der einstigen Machthaber wird so zur Waffe gegen die Scham, das Vergessen und das vergessen werden.

Im Winter 1989/90 hat sicher kaum einer der damaligen Aktivisten ahnen können, welch gewaltige Lawine er damit lostrat. Es war im besten Falle eine dumpfe Ahnung, dass erst mit dem Zugriff auf diese Unterlagen die Macht der SED gebrochen werden würde. Aber sie ist kaum effektiver endgültig zu brechen, als mit der Akteneinsicht. Denn im Nachhinein wird diese Geheimpolizei ja auch in ihrer ganzen lächerlichen Anmaßung erkennbar. Ihr Versuch, das Leben in klar definierte Bahnen zu lenken, erscheint im Rückblick oft genug als grotesk und sinnlos. Und so wird aus der scheinbaren Allmacht der SED ein Blick auf ihre tatsächliche Unfähigkeit, etwas zu bewegen. Anstelle von Vertrauen gibt es nur noch Kontrolle, anstelle von kreativem Handeln überall einschnürende Übervorsicht. Und so trägt die Aktenöffnung ganz entscheidend dazu bei, den Mythos zu brechen, es habe sich bei der DDR um so etwas wie eine ernstzunehmende alternative Gesellschaft zur westlichen Demokratie und von der Marktwirtschaft geprägten Bundesrepublik gehandelt.

Dass dies gelang, ist die nach der Maueröffnung sicher wichtigste Errungenschaft der Bürgerrechtsbewegung geworden.

Die Bilanz dieser Einsicht kann nicht in Zahlen ausgedrückt werden. Aber wer jemals erlebt hat, wie die Menschen, die diesen Blick zurück wagen, reagieren, der weiß, dass es die Anstrengungen wert war und ist, die Stasi-Akten eben nicht wie irgendein sonstiges staatliches Archiv zu verwalten, sondern als Angebot an die Menschen, mehr noch als Einladung. Sicher haben die Medien in erheblichem Umfang dazu beigetragen, dass über eineinhalb Millionen Bürger Klarheit haben wollten und davon etwa jeder zweite auch zunächst die Mitteilung bekam, es gebe Unterlagen zu seiner Person und dann auch die Papiere vor sich hatte oder die Kopien zugesandt bekam. Aber letztendlich war es die Entscheidung eines jeden einzelnen, sich dieser vergangenen Wirklichkeit wieder anzunähern. Nur selten hat ein Gesetz solch eine Resonanz gefunden.

Aber sich Klarheit zu verschaffen auch über die Seiten des Lebens, die bislang vernebelt erschienen, ist ja auch wesentliche Voraussetzung für den freien Blick nach vorne. Weil so vieles im Verborgenen war, ist die Vergangenheit natürlich auch voller Spekulationen, Gerüchte und Unterstellungen. Vieles, sicher nicht alles, wird durch den Blick in die Akten klarer. Wem konnte ich wirklich vertrauen ? Was war mein eigener Anteil am Leben und was war fremdbestimmt ?
Die Akten sind auch Nachweise. Nachweise für die, die sich ihren Anstand und ihre Individualität bewahrt und ihre Würde verteidigt haben. Und sie sind die Zeugnisse derer, die sich auflehnten, die anderen halfen und die dafür Repression und manche schlimme Grausamkeit auf sich nahmen. Sie sind natürlich auch Anklage. Sie zeigen auf die, die ihre Freunde verrieten, ihre Kollegen ausspionierten und ihre

Bekannten preisgaben. Dies hatte in manchen Fällen auch Konsequenzen. Es zerbrachen jahrzehntelange Beziehungen und es gab nicht wenige, die im öffentlichen Dienst gar nicht erst übernommen wurden oder gekündigt wurden, weil sie mit der Stasi zusammengearbeitet hatten. Aber mit welchem Recht will man dieser Konsequenzen wegen die Suche nach der Wahrheit zurückstellen?

Und was für die gilt, die die DDR erleben mussten und überlebten, das gilt erst Recht für die Nachgeborenen, die ja angewiesen sind auf fremde Quellen, um die Welt der Großeltern und Eltern nicht ausschließlich aus dem zu erfahren, was die Generationen vor ihnen preiszugeben bereit sind. Über die DDR kann heute auch wegen der offenen Akten anders geredet werden als über das Leben in der Nazi-Diktatur. Die Staatssicherheit war ein treuer Chronist der DDR und in ihren Akten findet sich der Schrecken, aber auch der banale Alltag, das Verbrechen, aber auch der Widerstand, Duckmäusertum wie Mut gleichermaßen.
Was tatsächlich eine ganz außergewöhnliche historische Leistung ist, dieser Zugang zum einst Geheimen, das wird auch durch all die auch jetzt wieder aktuellen Diskussionen um den Zugang von Journalisten und Wissenschaftlern zu den Stasi-Akten nicht geschmälert. Der Bundestag hat sich 1991 bei der Diskussion um das Gesetz, das diesen Zugang regeln sollte, schlichtweg vor einer klaren Stellungnahme gedrückt. Und die Folgen davon sind Gerichtsurteile, die jetzt leider der Presse wie den Forschern die Recherche erheblich erschweren. Dabei haben die letzten zehn Jahre gezeigt, dass die öffentliche Debatte in den Medien wie in der Wissenschaft mit Verantwortung geführt wurde. Es ging ja nicht um

Privates bei dem, was Richter insbesondere westdeutschen Politikern ersparen wollen. Auch die Bilanz der bisherigen Arbeit von Publizisten wie Forschern mit den Akten kann sich ja sehen lassen. Die Fülle der Bücher, die im Zusammenhang mit der Aktenöffnung entstanden, die unzähligen Artikel, die veröffentlicht und all die Sendungen, die ausgestrahlt wurden – das alles hat jedem einen breiten Einblick in die Welt der DDR ermöglicht.

Dass dies auch in Zukunft möglich sein soll, dies ist die eigentliche Bilanz der gut zehn Jahre seit Inkrafttreten des Stasi-Unterlagen-Gesetzes. Dass dieses gelungene Experiment im Umgang mit den Unterlagen einer Geheimpolizei Schule machen soll und längst schon Schule gemacht hat in vielen anderen Ländern, ist die Schlussfolgerung unter dem Strich. Und dass dieser Prozess kein Ende finden darf, sondern im Gegenteil mit größerem zeitlichen Abstand immer wichtiger wird. Über vier Jahrzehnte war die DDR für viele Millionen Deutsche der Rahmen, der so enge, so einschränkende Rahmen für das zu lebende Leben. Diese Menschen hatten kein Recht auf Selbstbestimmung und ihr Alltag war wie in jeder Diktatur geprägt von der Unwahrheit. Landschaften der Lüge hat Jürgen Fuchs deswegen die SED-Herrschaft genannt. Die Suche nach der Wahrheit ist deswegen zwingender Bestandteil des Abschieds von der Diktatur. Dafür war und ist die Öffnung der Stasi-Akten unverzichtbar

Johann Legner:
bis Herbst 2000 Sprecher des damaligen Bundesbeauftragten für die Stasi-Unterlagen Joachim Gauck. Seitdem Stv. Chefredakteur der Lausitzer Rundschau in Cottbus

Kurzbiografien

AUCH WIR HABEN NEIN GESAGT!

Im Herbst 2001 bat die Zeitschrift SUPERillu Leser, die sich einer Spitzeltätigkeit für die DDR-Staatssicherheit einst verweigerten, sich zu melden. Fast 100 Betroffene riefen in der Redaktion an, schickten Briefe und E-mails mit ihrer Geschichte. Einige schilderten nicht nur ihre Erlebnisse. Sondern auch ihre Meinung, wie man mit diesem Teil der DDR-Vergangenheit heute umgehen sollte. Hier einige Auszüge:

Klaus F., Eisenach:

Es war 1963, ein Jahr nach meiner Hochzeit. Meine Frau musste sich damals einer größeren Operation unterziehen, es ging ihr nicht gut. Nach weiteren Komplikationen musste sie sogar mit einem längeren Krankenhaus-Aufenthalt rechnen. Gerade zu diesem Zeitpunkt bekam ich meinen Einberufungs-Befehl zum Grundwehrdienst. Beim Wehrkreis-Kommando bat ich um Verschiebung auf einen späteren Zeitpunkt. Legte auch ein Attest des behandelnden Arztes meiner Frau vor. Man sagte mir, dass über eine Verschiebung des Wehrdienstes erst noch beraten werden müsse. Zwei Tage später wurde mein Gesuch dann abgelehnt. Wieder einen Tag später wurde ich telefonisch zu einer Besprechung geladen. „Zur Klärung einer Angelegenheit", hieß es. Die Besprechung fand komischerweise in einem Hotelzimmer statt, im damaligen Hotel „Tannhäuser". Dort traf ich einen Mann in Zivil. Er wusste, dass meine Frau krank war und dass ich trotzdem meinen Wehrdienst antreten sollte. Aber er stellte „eine Lösung" in Aussicht. Das freute mich natürlich und ich bedankte mich dafür. Aber er erklärte,dass ich meinen Dank anders bekunden könne, indem ich dem MfS gelegentlich Auskünfte gäbe. Dann forderte er mich auf, eine Verpflichtungserklärung zu unterschreiben, damit mein Wunsch nach Verschiebung des Wehrdienstes erfüllt werden könne. Ich dachte mir nichts, „gelegentliche Auskünfte", das klang ja erstmal nicht so schlimm. Trotzdem war ich aufgeregt, als ich unterschrieb. Der Stasi-Mann entließ mich ganz freundlich. Drei Wochen später sollte ich eigentlich zum Grundwehrdienst eingezogen werden, aber der Termin verstrich, ohne dass ich eine entsprechende Benachrichtigung erhielt. Aber kurz danach musste ich wieder zu einem Treffen mit dem MfS-Mann im Hotel. Dort wurde ich dann ganz konkret nach einem älteren Mitarbeiter im Betrieb ausgefragt, in dem ich damals als Bauschlosser arbeitete. Der Stasi-Mann wollte wissen, welche Einstellung dieser Mitarbeiter zum Staat hätte. Ich erklärte, dass ich mit diesem Mitarbeiter eigentlich nicht viel zu tun hätte, denn dieser Mitarbeiter arbeite im Büro, ich dagegen in der Werkstatt. Dies reichte dem MfS-Mann natürlich nicht, er wurde unwirsch und forderte mich auf, die Unterhaltung mit dem Mitarbeiter zu suchen und, um die Äußerungen nicht zu vergessen, sie aufzuschreiben und dann zu übergeben. Danach wurde ich nochmals daran erinnert, dass ich über dieses Treffen schweigen müsse, bevor ich gehen konnte. Ich war damals ja noch sehr jung, deshalb vertraute ich mich meinem Vater an. Er war damals Betriebsleiter und auch ein überzeugter Parteigenosse. Trotzdem war er um mich besorgt. Wir kamen dann zur Überzeugung, dass es

am besten wäre, den betreffenden Mitarbeiter, den ich ausspitzeln sollte, darüber zu informieren. Dieser Mitarbeiter
wurde dann zwar erst blass und dann wütend, trotzdem
dankte er mir für meine Offenheit und versprach mir Still-
schweigen. Ein paar Wochen später musste ich dann wieder
zum Treff mit dem Stasi-Mann im Hotel. Anfangs war er
sehr nett und jovial, erkundigte sich nach dem Krankheits-
zustand meiner Frau. Dann kam er jedoch unvermittelt zum
Thema und fragte, was ich denn so berichten könne. Ich
erklärte, dass ich eigentlich überhaupt nichts berichten könnte. Da schrie mich der Stasi-Mann plötzlich an, ob ich ihn
zum Narren halten wolle. Ob ich nie im Aufenthaltsraum
des Betriebes wäre, wenn dieser Mitarbeiter seine Sprüche
gegen den Staat ablassen würde. Anfangs war ich erschrocken,
aber dann schrie ich zurück, warum ich denn eigentlich
gefragt werde, wenn die Stasi sowieso schon alles wüsste.
Der MfS-Mann schickte mich weg und erklärte, dass ich in den
fogenden Tagen meinen Einberufungs-Bescheid zum Grundwehrdienst erhalten werde. Es blieb gottseidank eine leere
Drohung. Erst viele Jahre wurde ich dann tatsächlich zum
Wehrdienst eingezogen. Kontakte zum MfS gab es nie wieder.

Peter B., Berlin:

Ich war am Metropol-Theater beschäftigt. Dort waren wir eine richtige Clique, die der DDR kritisch gegenüberstand. 1970 sprach mich die Stasi an. Die wollten, dass ich meine Kollegen bespitzele. Ich habe das abgelehnt. Am 5. Mai 1970 bin ich verhaftet worden. Aus meinen Stasi-Akten geht hervor, dass die Kripo von der Stasi den Auftrag hatte, mich zu verhaften und zu kriminalisieren. Der Vorwurf: „Asoziale Lebensweise." Für mich hatte das böse Folgen: Fünf Monate lang saß ich im Gefängnis. 1976 wurde mein Ausreiseantrag dann bewilligt und ich kam in den Westen.

Hans L., Berlin:

Es war 1956. Ich hatte damals eine private Gaststätte mit Kegelbahn in Luckau. Durch einen Defekt an der Steckdose gab es einen Brand, die Kegelbahn wurde zerstört. Kurz darauf wurde ich von der Staatssicherheit vorgeladen. Ich wurde für den Brand verantwortlich gemacht. Ich sollte unterschreiben, dass ich künftig mit dem MfS zusammenarbeiten werde. Anderenfalls wollten die mich wegen fahrlässiger Brandstiftung anzeigen. Doch ich lehnte eine Mitarbeit bei der Stasi trotzdem empört ab. Für mich überraschend haben die sich danach nicht mehr bei mir gemeldet.

Reginald Rudorf (72), Journalist:

Ich war immer ein begeisterter Jazz-Fan. In den 50er Jahren, als ich noch in meiner Heimatstadt Leipzig lebte, war das etwas sehr Verruchtes. Mit Freunden organisierte ich damals Jazz-Konzerte, zunächst im Verborgenen. Jazz war als „westliche Subkultur" verpönt. Ich bemühte mich, die SED und ihre Jugendorganisation, die FDJ, vom Gegenteil zu überzeugen. Bald gab es auch offizielle Konzerte - ein Triumph. Die West-Kontakte, die ich als Musik-Journalist und Organisator von Jazz-Konzerten hatte, interessierten die Staatssicherheit sehr. 1955 wollte mich ein Offizier rumkriegen, die Staatssicherheit zu „unterstützen", eine Verpflichtungserklärung zu unterschreiben. Ich sah dazu keinen Grund und lehnte freundlich ab. Dem SED-Staat stand ich damals dabei noch recht aufgeschlossen gegenüber. Bis ich 1957 wie viele Intellektuelle verhaftet wurde. Der Vorwurf: Boykotthetze. In zwei Jahren Haft bekam ich die Menschenverachtung dieses Verbrecherregimes zu spüren. Nach meiner Freilassung 1959 floh ich in den Westen, wo ich seitdem als Journalist arbeite. Dort habe ich immer versucht, über die SED-Gewaltherrschaft aufzuklären. SED-Leute oder Spitzel, die sich heute glaubwürdig von ihrer Vergangenheit distanzieren, mögen in Frieden ziehen. Aber nicht die, die diese schlimme Zeit und ihre Rolle darin schönreden.

Günther H., Dresden:

Ich wohnte 1979 in Dresden direkt neben der Polizeischule. Damals kam ein Stasi-Mann zu mir. Er wollte, dass ich verdächtige, westliche Fahrzeuge rund um die Polizeischule melde. Ich war zuerst vollkommen überrumpelt und sagte zu. Dann habe ich mir aber gedacht, dass die doch selbst auf ihr Objekt aufpassen sollten. Beim nächsten Treffen habe ich meine Zusage wieder rückgängig gemacht. Dies wurde auch akzeptiert, berufliche oder sonstige Nachteile hatte ich danach nicht.

Herr K., Dresden:

1975 habe ich einen Ausreiseantrag gestellt. Daraufhin wurde ich in meiner damaligen Arbeitsstelle im Werk für Flugtechnische Anlagen in Dresden-Klotzsche entlassen. Kurze Zeit später lud man mich noch einmal in die Kaderabteilung des Werkes. Dort saß mir dann ein Stasi-Mann gegenüber. Er bot mir an, dass ich meinen Job zurück bekommen könnte, wenn ich mich zur Mitarbeit beim MfS verpflichtete. Ich habe das abgelehnt. Das hatte böse Konsequenzen: Mein Ausreiseantrag wurde abgelehnt und viel später erst wurde ich im gleichen Betrieb wieder eingestellt, aber unter viel schlechteren Bedingungen.

Gottfried F., Berlin:

Ich kam 1953 von Sachsen nach Berlin, arbeitete damals bei EAW in Treptow. Vom Betrieb wollte ich zum Ingenieurs-Studium delegiert werden. Kurz nach meiner Bewerbung wurde ich im Betrieb in ein Zimmer bestellt. Dort saßen zwei Männer. Sie erklärten mir, dass sie mit mir zusammenarbeiten möchten. Ich sollte über Mitarbeiter berichten, die heimlich auch im Westteil der Stadt arbeiten gehen. Damals, vor dem Mauerfall ging das ja noch und wurde von vielen auch praktiziert. Im Osten leben, im Westen arbeiten. Der SED war das natürlich ein Dorn im Auge. Ich weigerte mich, denen etwas darüber zu berichten. Die Delegierung zum Studium war damit gestrichen. Nun hieß es stattdessen, dass ich mich doch erstmal bewähren solle. Erst zwei Jahre später wurde ich zum Studium zugelassen. Weitere Konsequenzen hatte meine Ablehnung aber nicht.

Volker H., Marienberg im Erzgebirge:

Von 1970 bis 1973 war ich Waffenmeister bei der NVA. Erst in Prora auf Rügen, später in Drewitz. Im Frühjahr 1972 wurde ich zu unserem Politoffizier bestellt. Mir war ganz mulmig. Der Politoffizier wusste sehr gut Bescheid über meine Familie und mich. Er bot mir dann einen Job bei der Flugsicherung in Frankfurt/Oder an. 2000 Mark Gehalt im Monat, dazu eine gute Wohnung. Aber dafür sollte ich mich umhören. Als Spitzel für die Staatssicherheit unter Kollegen und in der Verwandtschaft. Ich habe das vom Fleck weg abgelehnt, wollte mich dafür nicht hergeben. Nach einem nochmaligen Versuch ließ die Staatssicherheit mich dann aber in Ruhe. Ich hatte auch danach nie Nachteile zu erleiden.

Dieter K.; Eisleben:

Als 17jähriger hatte ich mich verpflichtet, meinen Wehrdienst beim Wachregiment „Feliks Dzierzynski" des MfS abzuleisten. Nachdem ich das hinter mir hatte, fing ich 1976 als Bergmann in Niederröblingen an. 1980 bekam ich zu Hause Besuch von zwei Stasi-Leuten. Sie wollten mich zur Zusammenarbeit gewinnen, baten, dass ich regelmäßig über meine Kollegen berichte. Ich war völlig verblüfft. Dass es so etwas wie verdeckte Spitzel in unserem Land überhaupt gab, war mir damals völlig neu. Ich erklärte, dass ich das nicht mit meinem Gewissen vereinbaren kann und lehnte ab. Die beiden zogen von dannen. Ich hatte deswegen später nie Schwierigkeiten. Deshalb bin ich sehr skeptisch, wenn entarnte Stasi-Spitzel heute erklären, sie seien mehr oder minder zur Zusammenarbeit gezwungen worden.

Barbara Kellerbauer, Sängerin, Berlin:

Als Künstlerin durfte ich auch zu Konzerten ins westliche Ausland reisen. Zweimal hat die Stasi versucht, mich anzuwerben. Einmal, 1973, als sich ein Musiker meiner Gruppe bei einem Westauftritt absetzte. Unter dem Vorwand polizeilicher Ermittlungen wurde ich vernommen. Dann offenbarte sich der vermeintliche Kripo-Mann als Offizier der Staatssicherheit. Er versuchte, mich als Informantin zu werben. Mir war das sehr unangenehm. Wieso traute man mir so etwas zu? Ich sagte, dass ich nicht zur Verfügung stünde. Er meldete sich nie wieder. Jahre später, 1981, erhielt der neue Gitarrist unserer Gruppe keine Ausreisegenehmigung für die nächste Tournee. Wir beschlossen, als Gruppe für ihn zu bürgen und schrieben dies an das Zentralkomitee der SED. Daraufhin meldete sich ein Offizier des MfS und wollte mit uns darüber reden. Wir luden ihn zu einer Probe ein und diskutierten mit ihm. Unser Gitarrist durfte danach mit uns reisen. Wochen später trat derselbe Stasi-Offizier noch einmal an mich heran. Diesmal wollte er mich für eine Mitarbeit gewinnen. Ich habe ihm erklärt, warum ich das nicht tun werde. Er akzeptierte die Ablehnung und beendete die Kontakte. Für mich war das eine Charakterfrage. Glaubwürdigkeit und Vertrauen bedeuten mir etwas. Viele meiner Kollegen haben so wie ich entschieden. In anderen Fällen sollte man differenziert bewerten und nicht pauschal verurteilen.

Annemarie B., Coswig:

Ich habe im Interhotel gearbeitet. Die Staaatssicherheit hat mich nicht nur an meinem Arbeitsplatz, sondern auch zu Hause aufgesucht und wollte mich als Spitzel werben. Insgesamt sechsmal. Ich habe jedesmal abgelehnt und die Stasi-Leute sogar rausgeworfen. Konsequenzen hatte das für mich aber nie. Ich bin deshalb der Meinung, dass niemand beim MfS mitmachen musste. Mir geht die Galle hoch, wenn sich Stasi-Spitzel heute mit so etwas herausreden.

Henning K., Berlin:

Nach meiner Armee-Zeit war ich in den 60-er Jahren Fallschirmsprung-Ausbilder bei der Gesellschaft für Sport und Technik. 1970 sprach mich dann die Stasi an und wollte Informationen über Offziers-Bewerber der NVA, die ich ausbildete. Die wollten alle möglichen Details wissen, über jeden Einzelnen. Ich überlegte lange, wie ich aus der Sache rauskommen könnte und entschied mich dann, ganz einfach nein zu sagen. Das haben die auch zur Kenntnis genommen und mich danach nie wieder behelligt. Konsequenzen hatte die Ablehnung für mich nicht. Ich war später sogar häufig im Ausland.

Mathias Bemmann (51), Coswig

1972 habe ich Urlaub in Bulgarien gemacht. Dort lernte ich Monika aus Koblenz kennen, eine Ferienliebe, die mit meiner Rückkehr aus dem Urlaub eigentlich auch schon wieder vorbei war. Eines Morgens, das vergesse ich nie, klingelte es an meiner Haustür. Zwei Herren im Mantel standen draussen. Wie im Krimi. Vorgestellt haben sie sich nicht. Aber es war klar, dass die von der Stasi waren. Die wussten genau über meine kurze Liebe mit Monika Bescheid. Auch, dass ich als Kellner im Interhotel Bastei in Dresden arbeitete. Sie wollten, dass ich dort Kollegen bespitzele. Lockten mich mit finanziellen Vorteilen. Ich lehnte ab. Kollegen auszuspionieren, das ist ja wohl das Letzte! Ein paar Mal riefen sie mich noch auf Arbeit an. Dann war Ruhe. Nachteile hatte ich nie.

Wolfgang W., Schauenburg bei Kassel:

Ich war damals beim Talsperrenbau in Niesky beschäftigt. Unser Kollektiv war in Weißwasser auf Montage. Dort habe ich von einem Ehepaar, die kurz vor der Ausreise standen, einen Moskwitch gekauft. Nach ein paar Wochen kam dann die Stasi zu mir. Ich sollte unterschreiben, dass dieses Ehepaar mir das Auto für einen Wucherpreis verkauft hätte. Dies wäre dann ein Grund dafür gewesen, das Ehepaar verhaften zu lassen. Die wollten denen etwas anhängen. Ich habe aber abgelehnt, nicht unterschrieben und die Stasi-Männer wieder weggeschickt. 1984 stellte ich selbst einen Ausreiseantrag, 1985 habe ich die DDR verlassen.

Herr E., Berlin:

1962 war ich bei der Freiwilligen Feuerwehr in Treptow. Wir waren auch für den Grenzstreifen zuständig. Die Staatssicherheit wollte mich als Mitarbeiter anwerben. Stasi-Leute kamen abends häufiger unangemeldet zu mir nach Hause. Ich wollte die Männer nicht reinlassen, und die Tür wieder schließen. Aber sie stellten einfach einen Fuß in die Tür und kamen ungebeten rein. Später wurde ich auch aufs Präsidium in der Keibelstraße vorgeladen, auch dort wollten sie mich anwerben. Ich habe stets abgelehnt.

Werner S., Magdeburg:

Ich bin jahrelang von der Stasi bedrängt worden. Die wollten mich werben, ich war wohl als Diplomingenieur für sie interessant. Ich sollte aber nicht nur in meinem Betrieb spitzeln, sondern die Staatssicherheit wollte sogar meine Wohnung für konspirative Treffs benutzen. Ich bin deshalb umgezogen, habe auch meine Arbeitsstelle gewechselt, um mich der Zusammenarbeit zu entziehen. Ich hatte dadurch viele Nachteile, meine Stasi-Akte belegt, dass diese Nachteile mit meiner Verweigerung zusammenhingen.

Frau M., Iserlohn:

Es war im Jahre 1984, ich lebte damals in Berlin-Marzahn. Mit einem Mann, der 4 Kinder hatte. Eines der Kinder wurde mit 17 Jahren verhaftet: Republikflucht-Verdacht. Er kam sogar ins Gefängnis. Als er wieder draußen war, wollte die Staatssicherheit den Jungen als Spitzel anwerben. Er sollte seinen Freundeskreis bei den Fussball-Fans vom FC Union aushorchen. Er hat sich uns, den Eltern, dann offenbart. Am nächsten Tag habe ich meinen Mut zusammengekommen und die Telefonnummer angerufen, die sie unserem Sohn für künftige Kontaktaufnahme gegeben hatten. Dort habe ich mich beschwert. Danach war Ruhe, die kamen nie wieder.

Elke M., Frankfurt/Oder:

Mein Mann absolvierte seinen Wehrdienst damals bei der Volksmarine. Dort wurde er von der Staatssicherheit als Spitzel angeworben. Er hat auch unterschrieben, aber später wollte er das nicht mehr. Deshalb hat er sich dann demjenigen, den er ausspitzeln sollte, offenbart. Das erzählte er dann auch dem Stasi-Offizier. Der fiel fast in Ohnmacht. Die Zusammenarbeit war beendet. Konsequenzen hatte es keine. Mein Mann fuhr später sogar auf Schiffen der Deutschen Seereederei ins Ausland. Wir durften auch einmal nach Kuba in den Urlaub fahren.

Lotte K., Schwerin:

1956 kam ich vom Theater in Güstrow nach Schwerin. Kaum hatte ich dort angefangen, wollten die mich am Theater als Spitzel werben. Der Offizier versuchte es damals mehrmals. Irgendwann nahm ich mir ein Herz und erklärte klipp und klar, dass ich mir weitere Anwerbungsversuche verbitte, dass der Mann verschwinden solle. 1965 übernahm ich die Personalabteilung im Theater, die Staatssicherheit hat nie wieder versucht, mich anzuwerben.

Ralf K., Erfurt:

Es war ein halbes Jahr vor dem Einmarsch der Russen in die Tschechoslowakei, im Frühjahr 1968. Ich war damals Dreher in einem Industriebetrieb. Eines Tages sollte ich mich beim Wehrkreiskommando melden. Ich ging also hin und dort erwarteten mich zwei Mitarbeiter der Staatssicherheit. Sie wollten mich anwerben, ich lehnte aber ab. Dann wollten sie, dass ich über dieses Gespräch schweige. Das habe ich auch abgelehnt. Danach habe ich nie wieder etwas von der Stasi gehört. Weil ich in meinem Beruf fachlich immer gut war, konnten die mir auch sonst nichts anhaben.

Herr W., Rostock:

Von 1958 bis 1963 studierte ich Sinologie. Einmal kam in den Semesterferien ein Mann zu mir nach Hause Er sprach mich ganz direkt an, ob ich für die Staatssicherheit arbeiten wolle. Er erklärte mir, dass ich wegen meiner Chinesisch-Kenntnisse für sie interessant wäre. Ich habe die Antwort damals erst einmal rausgezögert und mich bei älteren, erfahreneren Bekannten umgehört. Jeder von ihnen riet mir dringlichst ab. Eine Woche später habe ich dem Stasi-Mann dann einen Korb gegeben. Er kam nie wieder. Später war ich lange Zeit Dolmetscher an der DDR-Botschaft in Peking. Angesprochen wurde ich nie wieder, auch Nachteile habe ich nicht erlitten.

Herr Z., Lugau:

Bis 1987 hielt ich noch viel von der DDR. Dann aber begannen meine Schwierigkeiten. Nach meiner Meisterprüfung bedrängte man mich, in die Betriebs-Kampfgruppen einzutreten. Ich lehnte ab. Danach wollte ich mich beruflich nach Berlin verändern. Das wurde mir zunächst verwehrt. Doch kurze Zeit später sprach mich die Staatsicherheit an und erbot sich, meinen Wechsel nach Berlin zu unterstützen, wenn ich mich dafür zur Zusammenarbeit verpflichte. Ich lehnte ab. Kurz darauf wurde ich entlassen. Später hatte ich große berufliche Nachteile.

Fred S., Berlin:

Ich war damals Leiter einer renommierten Gaststätte im Berliner Nikolai-Viertel. Dort verkehrten auch viele West-Touristen und Diplomaten. Zu der Zeit wollte mich die Staatssicherheit als Mitarbeiter werben. Ich lehnte ab. Binnen drei Monaten wurde ich von meinem Posten als Gaststättenleiter abgelöst. Mir wurde dann angeboten, eine Wohngebiets-Gaststätte zu übernehmen. Ich lehnte jedoch ab und arbeitete bis zur Wende in einer anderen Gaststätte, aber nicht mehr in Leitungs-Tätigkeit. Die Nachteile, die ich durch den Karriere-Knick erlitten habe, hängen mir im Grunde genommen bis heute nach.

Peter D., Brand-Erbisdorf:

Als ich 17 Jahre alt war, nahmen zwei Mitarbeiter der Staatssicherheit Kontakt zu mir auf. Ich war damals auf der Berufsschule. Eines Nachmittags, als meine Eltern nicht zu Hause waren, klingelten die beiden. Sie wollten mich zu einer Offizierslaufbahn bei der Staatssicherheit überreden. Ich lehnte das ab. Ein Jahr später, bei der Musterung, legte man mir nahe, ich solle ins Wachregiment Feliks Dzierzynski, einer Einheit der Staatssicherheit - und dort meinen Wehrdienst ableisten. Wieder habe ich abgelehnt. Später hatte ich mit meiner Familie viele Probleme. Wir bekamen keine Wohnung, wurden auf Ämtern schikaniert. Nach unserem Ausreise-Antrag wurde uns sogar gedroht, dass unsere Kinder ins Heim kämen.

Wolfgang G., Seiffen:

Wegen meiner Ablehnung des DDR-Regimes saß ich 7 Jahre im Zuchthaus. Nach meiner Entlassung 1959 versuchte die Staatssicherheit, mich als Spitzel anzuwerben. Ich bin froh, dass ich standhaft blieb. Aus meiner Gauck-Akte weiß ich heute, dass ich selbst von vielen IM bespitzelt wurde. Keiner nutzte die Stunde der Wende, um sich mir zu offenbaren. Diejenigen, die ich darauf ansprach, begegneten mir mit Unschuldsmiene. Deshalb bin ich dagegen, dass IM heute öffentliche Aufgaben erledigen.

Hildegard K., Weimar:

Es war Anfang der 50er Jahre. Ich war erste Lohnbuchhalterin bei der HO in Weimar, ein guter Posten. Damals machte ich eine Urlaubsreise nach Frankfurt/Main. Dort lernte ich einen Mann kennen, der bei der Stadtverwaltung in Frankfurt arbeitete. Als ich zurück kam, erzählte ich einigen Kollegen im Betrieb von meiner neuen Bekanntschaft. Dann wurde ich zum Chef gerufen. Dort saßen zwei Herren. Mein Chef verließ das Zimmer. Die beiden Männer wussten genau Bescheid über meine Erlebnisse in Frankfurt. Sie wollten, dass ich meinen neuen Bekannten aushorche, ihm ganz bestimmte Fragen stellen soll. Auch meinen eigenen Vater, der im Weimar-Werk arbeitete, sollte ich aushorchen über seinen Betrieb. Ich war sehr erregt, bin aufgesprungen, habe die beiden Männer angeschrieen, dass ich so etwas auf keinen Fall tun werde. Sie drohten mir dann noch, dass sie mich im Auge behalten würden. Danach musste ich eine Schweigeerklärung über dieses Gespräch unterzeichnen.

Das habe ich getan und danach wurde ich nie wieder von der Staatssicherheit behelligt.

Frau M., Kamenz:

Ich habe mehrmals „nein" gesagt, als die Staatssicherheit mich zu inoffizieller Mitarbeit überreden wollte. Seit 1952 hatten die mich in der Mangel. Ich hatte mich stets verweigert. Später sollte ich auch noch in die SED, da habe ich wieder nein gesagt. Bis zur Wende war ich Ingenieurin in einem VEB. Obwohl ich mich stets verweigerte, wurde ich vom Betrieb sogar zum Studium delegiert.

Herr S., Sangerhausen:

Ich wurde zu vier Jahren wegen staatsfeindlicher Hetze verurteilt. Als ich wieder draußen war, kam gleich die Stasi und lud mich in die Kaderabteilung meines Betriebes vor. Ich sollte Spitzel werden, meine Kollegen im Thomas-Münzer-Schacht Sangehausen ausspionieren. Ich habe das abgelehnt. Trotzdem haben die gestreut, dass ich bei der Stasi mitmache. Ich hatte deshalb viele schlimme Jahre.

Ulrich P., Magdeburg:

Ich hatte mich 1965 beim Wachregiment Feliks Dzierzynski beworben, um dort meinen Wehrdienst abzuliefern. Die sagten jedoch, dass sie mich nicht nehmen könnten, weil in meiner Familie ein „schwarzer Fleck" wäre. Dann wollten sie mich an die Grenze versetzen. Ich sollte dort als IM die Grenz-Truppe aushorchen. Ich habe das abgelehnt. Sie versuchten es noch ein paar mal, dann war Ruhe. Ich hatte mich zu Stillschweigern verpflichtet, all die Jahre über nahm ich das sehr ernst. Nicht einmal meiner Familie habe ich das erzählt. Nach der Wende fand ich dann den ganzen Vorgang in meiner Akte.

*

Die Autoren:

Gerald Praschl,
geboren 1968 in Burglengen-
feld. Seit Herbst 1989 als
Journalist in Berlin und den
neuen Bundesländern tätig.
Seit 1994 Redakteur und
Chefreporter der Zeitschrift
SUPERillu in Berlin.

Marco Hecht,
geboren 1959 in Hamburg.
Diplom-Politologe, Absolvent
der Axel-Springer-Journalis-
tenschule. Von 1990 bis 1995
Redakteur der BILD-Zeitung
im Osten Deutschlands.
Danach fünf Jahre Redakteur
und Ressortleiter der Zeitschrift
SUPERillu. Heute freier Journalist und Buchautor in Berlin.

Verlagsinformationen

WAS SAGEN DIE ANDEREN ZUM „SCHWEIGEKARTELL":

In der jungen Wellt vom 15.5.2002:

„Fundierte Fragen werden in dem von Arnold Schölzel herausgegeben Buch »Das Schweigekartell« zum 11. September 2001 gestellt. Es wird die Möglichkeit erörtert, ob im Gegensatz zu den offiziellen Verkündungen vieles ganz anders gewesen sein könnte. Gewiss, auch keiner der Autoren weiß, in wessen Auftrag die Boeing-Flugzeuge gegen die Twin-Towers gelenkt wurden, doch ihre Fragen, die präsentierten Fakten und die analysierten Strukturen erlauben einen tiefen Blick hinter die Kulissen."

Jederzeit unter **www.medienanalyse-international.de** nachzulesen:

*„Der eher auf Kulturbände spezialisierte Kai Homilius Verlag legt einen Sammelband mit Aufsätzen zum 11.9. vor, die es in sich haben. Der erste Eindruck: Solide. So ein Leineneinband und das Know-How aus dem bisherigen Verlagsprogramm heben schon den Inhalt hervor. Was das Herz begehrt: vom anregenden Klappentext über weiterführende web-links und einem Glossar bis zu einem Register. So ein richtig **schönes Arbeitsbuch**. Anmerkungen und Quellenbelege seitenweise. Ganz stark sind die offenen Fragen, die Verlag und Herausgeber aus den Autorenbeiträgen herauszogen. Es sind sage und schreibe 7 volle Seiten, in 6 Gruppen gegliedert."*

Bei „Schattenblick" finden Sie:

„Zwar hebt Schölzel in der Kürze der Einleitung lediglich auf das Szenario der kriegerischen Ressourcensicherung in Zentralasien ab, das die Agenda der Washingtoner Hegemonialinteressen bestenfalls zu einem Teil abdecken dürfte, doch der grundlegende Vorwandscharakter des Kreuzzugs gegen den Terrorismus ist damit bereits ausgesprochen."

DAS SCHWEIGEKARTELL

+ + + Fragen & Widersprüche zum 11. September + + +

Herausgegeben von Arnold Schölzel

Gerhard Branstner
Klaus Eichner
Dieter Elken
Peter Feist
René Heilig
August Pradetto
Rainer Rupp
Ilse & Horst Schäfer
Erich Schmidt-Eenboom
Eckart Spoo

Edition Zeitgeschichte   Kai Homilius Verlag

„Das Schweigekartell
Fragen & Widersprüche zum 11. September"
300 Seiten, Hardcover, ISBN 3-89706-892-3, € 18

11. September 2001: Zwei Flugzeuge rasen in die Twin Towers in New York, eines in das Pentagon, eines stürzt ab.
Die Welt lernt das Staunen: Arabische Hobbypiloten mit wenigen Flugstunden sind in der Lage, Jumbos punktgenau auf ein kleines Ziel zu steuern.

Wer steckt wirklich hinter den Attentaten?
Welche Rolle spielen die Geheimdienste?
Warum wird in den Medien so wenig nachgefragt?
Die Autoren dieses Bandes versuchen, Antwort zu geben: August Pradetto, Rainer Rupp, René Heilig, Dieter Elken, Gerhard Branstner, Eckart Spoo, Klaus Eichner, Ilse und Horst Schäfer sowie Peter Feist.

Wir brechen das Schweigen!

176 Seiten, 200 Abb., Hardcover, € 25, ISBN 3-89707-899-0

DIE SIEGESALLEE
Auf den Spuren Brandenburgisch-
Preußischer Geschichte
Jan van Flocken

Vor 100 Jahren stiftete Wilhelm II. seiner Hauptstadt eine monumentale Denkmalallee in Marmor: die Siegesallee.

Jan von Flocken präsentiert nicht nur die Stationen ihrer wechselvollen Geschichte, sondern auch das Denkmalwerk selbst ausführlich und mit ca. 200 Abbildungen.

Die Zisterzienserklöster im Land Brandenburg

Klaus-Martin Bresgott, Arnt Cobbers
226 Seiten, 200 Abb.,
€ 13, ISBN 3-89706-900-8

Stadt Oranienburg
Auf den Spuren der Oranier

Hrg. Raimund Hertzsch
170 Seiten, 100 Abb.,
€ 10, ISBN 3-89706-902-4

Schlösser in Berlin
Auf den Spuren der Hohen-zollern

Hrg. Raimund Hertzsch
266 Seiten, 200 Abb.,
€ 13, ISBN 3-89706-902-4.

Die 68er in Berlin
Schauplätze und Ereignisse

Christopher Görlich
400 Seiten, 200 Abb., Hardcover
€ 16, ISBN 3-89706-904-0

HOFGESCHICHTE(N)
Streifzüge durch Berlin
Wolfgang Feyerabend

Kein Besucher Berlins wird die Gelegenheit auslassen, Berlins Hinterhöfe
aufzusuchen. Wolfgang Feyerabend kennt die Mitte Berlins wie kaum ein
anderer und führt seit Jahren ein begeistertes Publikum durch die Höfe der
Stadt. Die Hofgeschichte(n) laden mit ca. 250 teils farbigen Abbildungen
ein, diese Orte und ihre interessante Geschichte neu zu entdecken.

175 Seiten, 250 Abb., teilweise farbig, Hardcover mit Schutzumschlag,

€ 20, ISBN 3-897-06-894-X